秋田怪談

鶴乃大助
卯ちり、戦狐

※本書は体験者および関係者に実際に取材した内容をもとに書き綴られた怪談集です。体験者の記憶と主観のもとに再現されたものであり、掲載するすべてを事実と認定するものではございません。あらかじめご了承ください。

※本書に登場する人物名は、様々な事情を考慮して一部を除いてすべて仮名にしてあります。また、作中に登場する体験者の記憶と体験当時の世相を鑑み、極力当時の様相を再現するよう心がけています。今日の見地においては若干耳慣れない言葉・表記が記載される場合がございますが、これらは差別・侮蔑を助長する意図に基づくものではございません。

はじめに

鶴乃大助

秋田の怪談を綴るにあたって江戸時代の紀行家、菅江真澄《すがえますみ》を紹介したい。

三河《みかわ》生まれの真澄は、三十歳で故郷を旅立ち信州から越後《えちご》と日本海を北上し、その後の人生を陸奥《むつ》と蝦夷《えぞ》の地を旅して回る。

そして亡くなるまでの二十八年間、秋田を隅々まで巡り歩き角館《かくのだて》で没している。

実際に秋田各地を巡っていると「菅江真澄の道」と記された標柱や、説明看板を随所で見かける。

真澄は各地で見た景色から、土地の風習や行事、人々から聞いた話などを数多くの図絵や日記に残している。

中には、今も続く男鹿《おか》のナマハゲや村々を守る人形道祖神《にんぎょうどうそしん》などの、当時の様子が記されており、民俗学者の柳田國男《やなぎたくにお》から「日本民俗学の開祖」と讃えられている。

また真澄は、秋田各地の奇々怪々な話も多く残している。

怪奇伝承から、妖怪話、曰くある代物、そして自身の体験談まで――。

時には男鹿の漁村で、時には阿仁《あに》の山中でと――真澄が土地の人々から夜な夜な囲炉《いろ》裏《り》を囲んで、怪奇譚を聞き取っていたのだろう。

現代の我々「怪談屋」と同じようなことを、真澄は二百年以上前に行《おこな》っていた。

まさに「怪談フィールドワーカーの開祖」というべき存在だ。

そんな真澄が秋田の各地を巡って土地の人々から話を聞き集めたように、本書『秋田怪談』では、著者陣が秋田の地を巡り、秋田に住む人たちから奇々怪々な話を聞き集めて記している。

ただ真澄の怪奇譚と違うのは、現代の秋田で実際にあったとされる怪異である。

それは自然豊かな山や海で――。
街の盛り場の片隅で――。
どこにでもある学校で――。

農村の家の中で――。

あなたの知っている何処かで――。

それでは怪談奇談と怪奇伝承で綴る本書を開いて、秋田の怪の旅をお楽しみ頂こう。

目次

県央エリア

県南エリア

秋田県

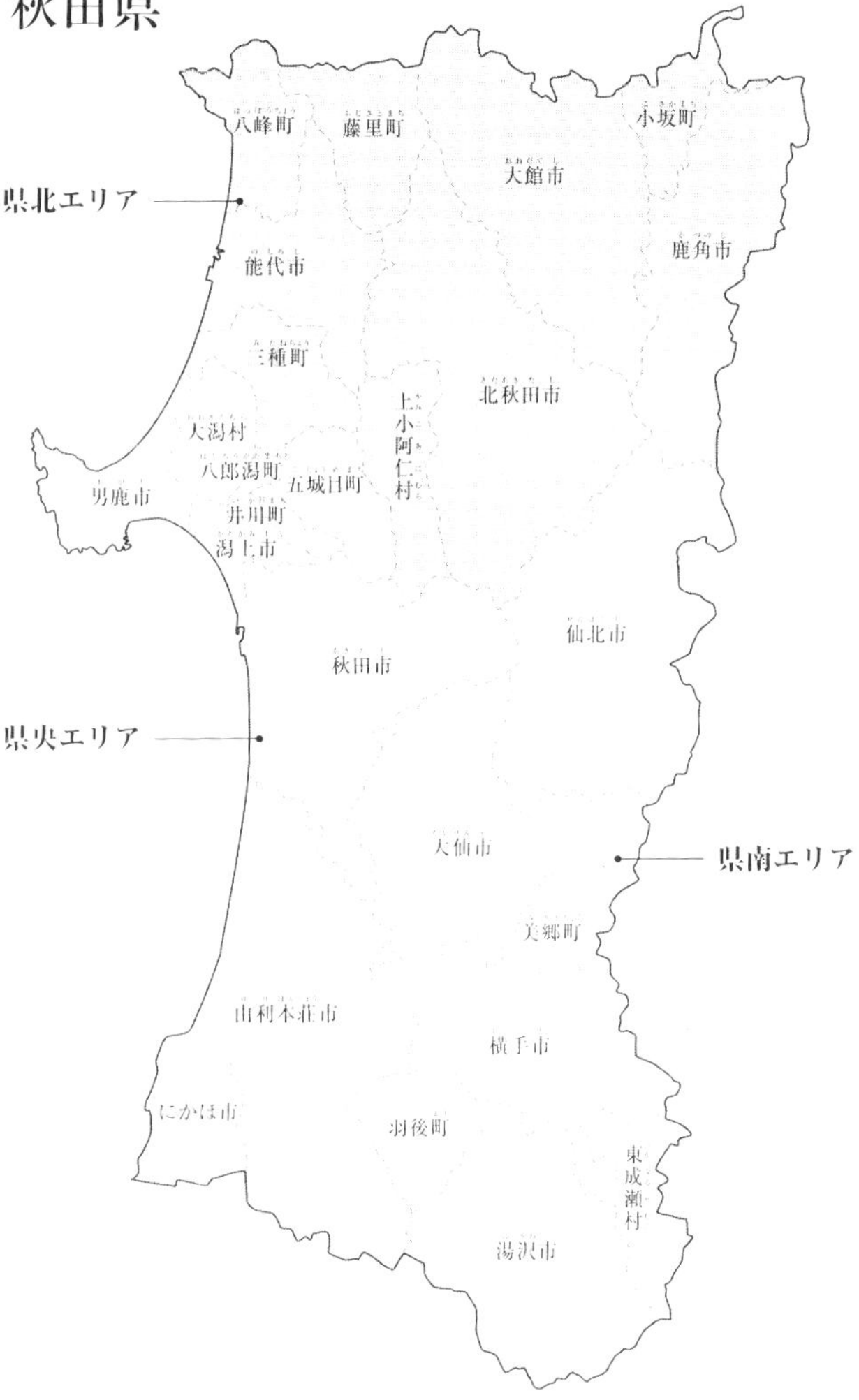

八峰町
藤里町
小坂町
大館市
県北エリア
鹿角市
能代市
三種町
北秋田市
上小阿仁村
大潟村
八郎潟町
五城目町
男鹿市
井川町
潟上市
仙北市
秋田市
県央エリア
大仙市
県南エリア
美郷町
由利本荘市
横手市
にかほ市
羽後町
東成瀬村
湯沢市

県央エリア

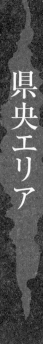

県央エリア

ナマハゲで有名な男鹿市や県都・秋田市を中心とした日本海沿岸中央部と鳥海《ちょうかい》山麓《さんろく》の由利本荘市を中心とした日本海沿岸南部からなる。秋田市の竿燈《かんとう》まつりが有名で沿岸南部は鳥海山の伏流水が豊富で酒蔵が多い。

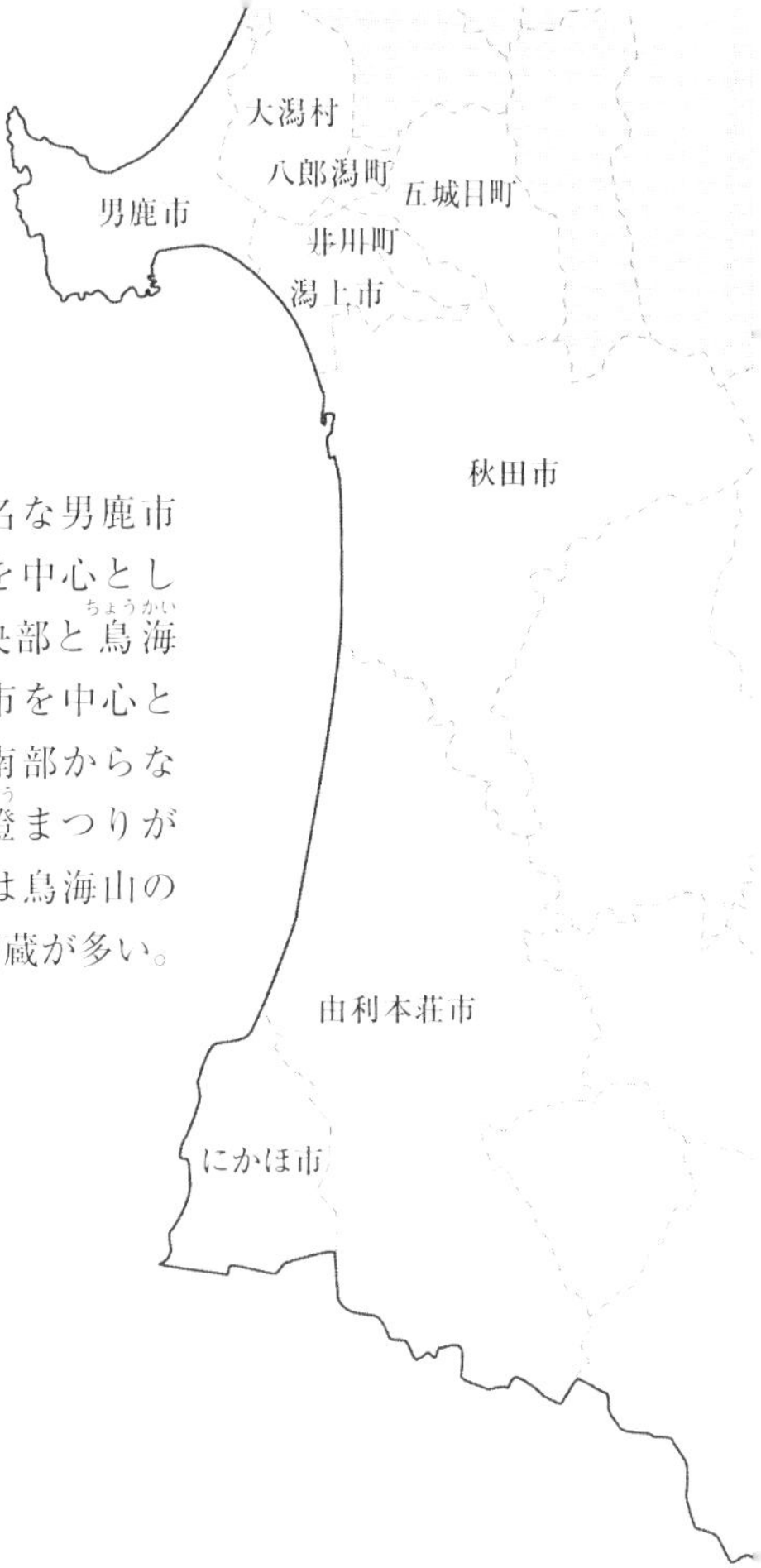

学校奇談　（由利本荘市）

日本海の海岸線が南北に広がり、東には霊峰・鳥海山が屹立する秋田県最大の面積を誇る由利本荘市。

この広大な街では、学校の怪奇談をいくつか耳にした。事故で亡くなった児童が現れる小学校や、蛇の祟りかと蛇塚に手を合わせ続ける高校の奇談等々――。

そのひとつを紹介しよう。

A高校――国道沿いの海に近い学校。

翔太さんが三年生の十一月のことだった。この日は大学受験の準備で遅くまで学校に残り、校舎を出たのは夜の八時を過ぎていた。

外は冷たい雨が降っていた。玄関で傘を差して静まりかえった校舎を背に国道沿いの校門を目指す。

校門までは、見事な松林に囲まれた道が二〇〇メートルほど続いている。

松林の中は、校舎から真っ直ぐ伸びる道を進むと、T字路に突き当たる。

それを右へ進めば自転車小屋、左へ進むと校門という造りになっている。

翔太さんは空腹と寒さに耐えながら、傘を片手に一人寂しく暗い松林の道へと足を踏み入れた。

寂しさのせいか、前方に灯るT字路の外灯までの道がやけに遠く感じる。

数歩足を進めたところで、前方に二つの影が見えた。

（オレの他にも、まだ生徒がいたんだ）

そう思いながら、影と距離を縮めていくと、二つの影に妙な違和感を覚えた。

（あれ？　あの人たち、背が低すぎないか？）

二つの影は、高校生とは思えないほど小さい。

小走りで近づき、その影をよく見てみると――小さな女の子が二人いる。

小学校一年生か二年生だろうか、一人はランドセルを背負っている。

（こんな遅い時間に小学生？）

翔太さんに気づくこともなく二人は、楽しそうに手を繋ぎ歩いているのだが――。

降りしきる冷たい雨の中、二人は雨合羽を着ているどころか、傘も差していない。

（あっこれ人じゃない――）

瞬間的にそう感じた翔太さんは、二人を追い越さないように歩くことを考えつく。

ところが、距離を縮めずに二人の後を歩くのは、かなりの難を要する事になる。

相手は曲がりなりにも子ども――歩いては停まり、そうかと思えば走り出す。

いつもの何倍もの時間を要しながら、ようやくT字路へと近づく。

（頼む！　左に曲がらないでくれ！）

翔太さんは、二人が自分と同じ進行方向にある校門へ向かわないよう、後ろから必死の思いで祈る。

女の子二人が外灯の明かりに照らされ、分岐する時が来た。

（右か？　左か？）

すると二人が向かった先は、右でも左でもなく、道の無い漆黒の松林だった。

無邪気に手を繋いだままの女の子二人は、松林の中に入ると足下から煙のように消えていったという。

「えらいのを見ちまったと思いましたよ。そしたら他にもいたんです。見た人が」

翔太さんが女の子二人を目撃した翌週のことだった。

隣のクラスの女子生徒が、幽霊を見たという騒ぎが起きた。

その日、女子生徒も冷たい雨が降る中、遅くに学校を出たという。

彼女は、校門を出て国道に架かる歩道橋の方へと向かっていた。

すると歩道橋の袂にあるバス停に佇む、うつむき加減の小さな姿が見えた。

赤いランドセルを背負った小学生の女の子。

こんな時間に女の子が一人で何してるんだろう。

そう思いきや彼女も、目の前の女の子に違和感がある。

傘を差していない……。

なのに、濡れてもいない……。

声を呑んで立ち尽くす彼女に、後ろから友人が声を掛けた。

――ねえ？　どうしたの？

その声に一瞬だけ振り返ったが、すぐに視線を女の子に戻す。

その小さな姿はどこにもなかった――。

「隣のクラスの彼女が見た女の子と自分が見た女の子は同じ子だと思います。あそこで何があったかは分かりませんが、同時期に二人も幽霊を見たんで、当時は軽い騒ぎになりましたよ」

そんな体験をした彼の母校、A高校前の交差点は、ドライバーの間で事故多発地点として危険箇所に指定されている。

雄物川沿いにて（秋田市）

「雄物川《おものがわ》って、ＵＦＯがよく見えるんですよ。特に夕方」

秋田市内、雄物川の川沿いに実家があった碧さんは、幼い頃から河川敷を遊び場にしていた。

日が暮れる時間まで友達と毎日のように河川敷を駆け回っていたが、空が朱色に染まる時間帯には、空を見上げるとすぐに見つけることができた。見晴らしの良い雄物川の上空で、一番星、あるいは飛行機のような光る物体が、奇妙な動きで飛行しているのだ。真っすぐに進んでいるのが突然消え、一瞬で別の場所に移動する。ジグザグに動いていると突然光が分裂して三つに増える。複数の光が戯れるように飛行する。そういった光の動きを毎日のように眺めていたので、碧さんはそれらをＵＦＯだと認識していた。

ＵＦＯを最初に見つけるのはいつも碧さんだったが、ほらあそこ、と空を指さすと友達も光る物体に気づく。そのまま暗くなるまで、友達と光の動きを観察する遊びをしていたそうだ。子供の頃は毎夕一つはＵＦＯを探すことができたが、河川敷で遊ばなくなってからは、夕刻に視界の開けた雄物川沿いの空を見上げても、光を目撃することはなくなった。

「子供にしか見えないＵＦＯだったのかも、って今は思うんです。でもそれって、ＵＦＯじゃなくて霊的な何かって捉えたほうが良いんでしょうか……」

川沿いに面した自宅でも、記憶に残っていることがある。

碧さんの実家は古く、便所は汲み取り式だった。

自宅の水回りは、台所と離れの風呂だけで便所に水道は通っていないはずなのだが、便所からは常に水の流れる音がする。便所の前を通るたびに水道からちょろちょろと水が流れるような音が聞こえ、便器に腰掛けると、便所内で流水音が反響する。水音があまりにもはっきり聞こえるので、小さな滝の前で用を足しているような気分になった。

水音がするだけで困り事はないのだが、不思議に思った碧さんの父親は知人の知人という初老の女性を家に招き、対処をしてもらったそうだ。

おそらく、霊感や能力がある人だったのだろう。どのような術やお祓いを行ったのかは明かしてもらえなかったが、何かしらの処置を施したらしい。

「便所にいたのは龍です。不浄に留まり続けているのも不憫なので、雄物川に流してあげました」

帰り際、彼女にそう説明されたという。

それ以来、便所から水音は聞こえなくなった。

その実家には、父親が亡くなったのを機に、現在は碧さんと、彼女の母親が同居している。

汲み取り式便所も改装して水洗式となり、リフォームを要所要所に施しているが、家屋自体が古いので家鳴りや軋みは多い。

最近、一階の居間にいると天井から足音がするようになった。家屋は二階建てだが、居間の上には部屋がなく、二階を歩いても足音は階下まで響かない。居間の古い木製の天井板の上を直接歩き回るような、ギシギシと鳴る足音なのだ。家鳴りにしては不自然である。

猫は度々その足音に反応し、目を輝かせながら足音の鳴る方向に向かって駆け出し、暇つぶしに遊んでいるようだ。

「前は龍が住んでいたみたいですけど、今は何が家に来ているんでしょうね？」

碧さんは、足音に対してはお祓い等の対処は特に考えていないそうだ。

初体験　（秋田市土崎）

秋田市北部にある土崎は、古くから秋田杉や米などを運び出す港として栄え、北前船が富と文化をもたらした歴史ある街だ。

その土崎で生まれ育った友人のケンゴくんが、こんな話を聞かせてくれた。

――オレの初体験の話なんですけど。

現在、秋田県外に住んでいる彼からは、何度か怪異体験を聞いている。

今日はそっちの体験談かと笑いながら彼の話に耳を傾けることにした。

彼が高校一年の冬のことだという。

――確か三学期が始まってすぐだから、一月の中旬だったと思う。

まだ辺りが真っ暗な午前四時ごろ。

小学五年生から続けている新聞配達のアルバイト。

カゴに新聞を満載した自転車で、新雪が積もった道を黙々と歩く。

するとスナックや居酒屋が二十軒ほど店を構える古いテナントビルから、若い女性の酔客が足をふらつかせながら現れた。

——かなり酔ってたすね。いきなり目の前で転んで雪だらけになってましたから。

ケンゴくんは自転車を路肩に止めて彼女に駆け寄った。

「大丈夫ですか？」

「あーもう！」

コートに着いた雪を鬱陶《うっとう》しそうな顔で払う彼女。

「あのう大丈夫……」

「あっ！　ごめんなさい」

ようやく声を掛けたケンゴくんに気づく。

「なんか飲み過ぎたんだねワタシ……」

「ケガは？　タクシー呼びましょうか？」

「大丈夫！　キミ優しいね」

――いやあ美人でしたよ彼女。ドキッとしたっすからねえ。

聞けば彼女は、家が近いという。

「歩いて帰れます？」

立ち上がったはいいが、ふらつく彼女にケンゴくんは心配する。

「ねえ？　キミ送ってよ」

「え？　じゃあオレ、自転車持ってくるから」

「なに言ってんのよ。車で送って――ワタシの車で」

テナントビルの隣の駐車場を指さす彼女。

「ええ！　オレ高校生だし」

「じゃあさ、ワタシ運転するからキミ助手席！」

――さすがに参ったすね。

しばらくダメだ送れの押し問答を続けたが、彼女に押し切られたケンゴくんは車で五分ほどの彼女の家まで同乗することになった。

――結局オレが助手席で、教習所の教官みたいに乗ったんです。

フロントガラスの曇りが取れるまで、二人は車中で時間を潰した。

——どうやら彼氏に別の女がいたみたいで、それでヤケ酒してたみたい。

それから彼女に慎重な運転をするよう言い聞かせながら、家へと向かった。

「スピード出さないで！　ゆっくり！　そこ右折しましょう」

長年の新聞配達の経験を活かし、飲酒検問のポイントを避けて誘導する。

——とにかくパトカーがいないことを祈ってましたよ。

車は無事、ケンゴくんのナビゲートで彼女の家にたどり着いた。

家は古い平屋の一軒家。

——ちょっとね、そのとき変だなあと思ったんですけどね。

ケンゴくんは新聞配達で下手な大人より、土崎の道や建物を知り尽くしていた。

——こんな家あったっけ？　そう思ったんですよ。

「家の中まで送って……」

睡魔に襲われ、もう少しで目が沈みそうな彼女を車から降ろす。

——もう大変でした！　バッグから家の鍵を出してあげたくらいですから。

彼女に肩を貸しながら、玄関の鍵口に鍵を差そうとしたとき、ケンゴくんは家族がいたら——と考え、鍵を開けるのを躊躇した。

「大丈夫――ワタシ一人暮らしだから」

ケンゴくんの不安が伝わったのか、彼女が耳元で囁く。

――もう心臓バクバクですよ！

玄関を開けて上がり框《かまち》に彼女を座らせると、そのまま仰向けで寝転んでしまった。

「ブーツ脱がせてよ」

ケンゴくんは、彼女のブーツを脱がしながら家の中を見回してみた。

小ぎれいな家の中は、やはり彼女だけが暮らしているようだ。

家具や飾り物など、若い女性らしい物ばかり揃っている。

ようやくブーツを脱がし終わり、彼女に帰る旨を伝えようと立ち上がった。

「ねえ――ベッドに連れてってよ」

――男ならわかるっすよね！　そのときの気持ち。

ケンゴくんは再び彼女を抱き起こすと、彼女の指示で寝室へと向かった。

居間の隣に寝室はあった――初めて入る女性の寝室に心臓が飛び出しそうになる。

「お姉さん、ベッドまで来たよ」

「キミも一緒に寝ようよ……」

ベッドに彼女を降ろすと、ケンゴくんは急な展開に怖くなった――。

「オ、オレ帰るね！　新聞配達あるし」

踵を返し、振り返ることなく彼女の家を飛び出した。

そして、まだ薄暗い土崎の街で、残りの新聞を配って歩いた――。

――ビビったんですよねえオレ。畜生！　って言いながら新聞配ってましたよ。


それから、いつものように学校に行くが、彼女のことが気になって仕方なかった。

（よし！　お姉さんに会いに行こう）

彼女に会いに行くことを決心したケンゴくんは、学校が終わると急いで土崎にある彼女の家へと向かった。

この先を曲がって――。

あれ？　ここだよな……。

――彼女の家が無いんです。どこを見ても無かったんですよ。

最初から街に無かったかのように、両隣だった家が隣り合わせで建っている。

――狐か狸に騙された気分ですよ。しばらく放心状態でしたね。

立ち尽くす彼の鼻を残り香なのか、彼女のいいニオイがくすぐった――。

――これがオレの怪の初体験なんですよ。あの時ベッドで一緒になってたらオレどうなったんですかね？

ケンゴくんが言う彼女の家は、人を化かすムジナの伝承が残る法興寺（現・見性《けんしょう》寺《じ》）の近くでもある。彼が胸ときめかせた彼女は此のムジナか――はたまた違うモノなのか。

一線越えなかった彼が、無事だったのが何よりであると思った。

通町橋《とおりまちばし》の男　（秋田市）

秋田市に出張で訪れていた会社員の土屋さんは、取引先との契約を終え、秋田支店の社員と秋田の歓楽街「川反《かわばた》」で契約成立の祝杯を挙げていた。

タクシーで送るという支店社員の誘いを断り、酔い覚ましにホテルまで旭川沿いを歩く。

竿灯《かんとう》まつりを終えた秋田の街は、夜風に秋の気配を感じる。

次の橋を渡れば、ホテルという辺りまで来た時だった。

柳並木の歩道に、周囲の風景とは異質な装いの人物が佇んでいるのが見えた。

髷を結った白装束の男――。

（あ！　見ちまった）

土屋さんは時折、この世の者でない人たちを見る。

面倒は御免と気づかれぬ様、その場を足早に立ち去り、ホテルへ繋がる橋を渡る。

(やべえ、タバコ買い忘れてた)

ホテルへ戻る前に近くのコンビニで買い物を済ます。

タバコとペットボトル飲料の入った袋を手に提げ店を出ると、目の前に数名の酔客の後ろを歩く白装束の男と出会《でくわ》した。

——思わず驚いちまったんですよ。

すると、白装束の男と土屋さんは、目が合ってしまった。

——すぐに目を逸らしたんですけどね……。


ホテルに戻った土屋さんは、一日の最後に怪しい者を見た後味の悪さのままベッドに潜り込んだ。

どれぐらい眠っただろうか、寝苦しさを感じて目を覚ます。

(喉が渇いた……)

飲酒のせいか水分が欲しい。

冷蔵庫にあるペットボトルを取り出そうと起き上がった——。

（何かいる……）
薄暗い客室の中、いつも怪しき体験をするとき特有の気配を感じた。
（いるとすればベッド脇のテーブルの辺りか？）
ゆっくりと横を見てみると、白装束の男がいた――。
なにか物言いたげそうに土屋さんを見つめる男。
「オレ、何もできないよ」
土屋さんが小声でそう告げると、白装束の男は透けるように消え去ったという。

＊

秋田怪談の取材をはじめたころだった。秋田市川反のバーで開催された「五丁目橋怪談会」において、会を主宰する蒲多さんが興味深い話を語っていた。

タクシー運転手の間で深夜、旭川沿いの柳並木を走っていると、短刀を握りしめた白装束姿の侍らしき男が正座しているという目撃例が多くある。

この話を聞いて私は打ち上げの席で蒲多さんに、土屋さんの体験談を話してみた。

――そうですか。もしかしたら何か関連あるかもしれませんね。

白装束、目撃場所と一致する点が多いことについて蒲多さんと話していると、秋田の郷土資料の中から、気になる事件があると教えてくれた。

その事件とは――。


江戸中期の安政四年、土崎湊《つちさきみなと》で米問屋を営む間杉屋の嫡男、辰蔵が旭川に架かる通町橋の上で久保田城（現・千秋公園）の方角を向き、腹を十字に割いて自死している。辰蔵が城を向いて割腹自殺をしたのには、こんな理由があった。

久保田藩は度重なる参勤交代で疲弊し、藩主佐竹義敦が江戸より秋田へ戻れぬ事態が起きた。そこで藩より金策を命じられたのが辰蔵であった。

辰蔵は奔走し、大阪の取引先から米を渡す約束で何とか一万両（米一万九百相当）の用立てに成功、藩主は無事に江戸から秋田へと戻ることができた。

ところが、藩は辰蔵へ約束の返済分の米を渡すことはなかった。結局、辰蔵は多額の借金を返すことが出来ないことを苦に自死を選んだのだという。

――この辰蔵が今でも、あの界隈に現れているのかも、と思うんですよね。土屋さんが見た白装束の男は、何かを訴えるような顔をしていた。もし、その男が辰蔵なら訴えたいことは、山ほどあっただろう。

――その土屋さんが見た男も、もしかしたら辰蔵なのかもしれませんね。

ローカルな都市伝説と実話怪談が結びついたような気がした。

蒲多さんとの怪談考察は、その後もしばらく続いた。

その日は私も会場の五丁目橋のバーから、ほろ酔い気分で夜風にあたりながら旭川沿いを歩いてみた。

無念の辰蔵に会えないかと思って――。

五階（秋田市）

麻美さんが高校生の頃、とある古書店が通学経路にオープンした。

コミックを豊富に取り揃えている店舗だったので、漫画を読むのが趣味の麻美さんは開店当初から足繁く通っていた。読書好きなインドア派の友人が多かったので、彼女らとは放課後に駅前をぶらつきつつ、その古書店に立ち寄って物色することが多かったという。

その店が入居しているビルは当時は一、二階に全国チェーンの古着屋が入居しているだけで、最上階に開店した古書店以外に主だったテナントはなく、ビルの数フロアが空きの状態だった。

真新しくて明るい店内は若年層の客で繁盛していたものの、よくこんな景気の悪い場所を選んだよなあ、と麻美さんは感心していたそうだ。

　その日も放課後にそこへ寄り道していた麻美さんは、一八時を過ぎたから解散しようと、連れ立った友人と三人で古書店の入口を出て、エレベーターに乗った。エレベーターはビルの奥側に一台だけ設置されており、昭和を感じる外観と内装同様に薄暗さと年季を感じる造りで、少しばかり動作が遅い。増改築のせいか、書店の入居する最上階は屋上のRと記されている。Rから下、三階まではテナントの入居がないのでエレベーターは一階と二階にしか止まらない設定にされている……はずなのだが、その時は急に五階で停止し、ドアが開いた。

　五階は倉庫代わりなのだろう。真っ暗なフロアに、いくつかの積み上げられた段ボールや大型什器が見える。以前は家具を販売する店舗が入居していたと麻美さんは記憶しており、もしかすると家具類の在庫が残されたままなのかもしれない。

　五階で利用者が乗り入れるものと思っていたが、フロアには誰もいない。

「なんで止まったんだろうねえ」

「誰もボタン押してないよねえ」

麻美さんたちがフロアの暗がりを見つめながら囁いていると、遠くから男性の声が聞こえてきた。

わおーん　わおーん　わおおおーん

発生練習をしているような、それでいて間延びした、緊張感も抑揚もない声がフロアの最奥から反響するようにエレベーターまで届く。

わおおおーん　わおーん　おん

何これ？　と麻美さんたちは顔を見合わせて耳をすませ、照明のない五階の暗闇に目を凝らす。

おん　おん　おーん

声は少しずつ近づいているが、声の主の影は見えない。

おん、おん、おん……

おん、おん、おん……


「なんか気持ち悪いよ」

「早くボタン押して」

「はやくはやく」

友人に急かされるままにエレベータの「閉」ボタンを連打すると、ドアはのろのろと閉まる。そのままエレベーターは一階へ到着した。

「怖かったね」

「あの声、なんだったんだろう」

「こっそり歌の練習でもしてたのかな？」

友人たちとあれこれ言いあいながら帰宅したが、エレベーターのドアの真正面に立っていた麻美さんは「声はエレベーターの目の前まで近づいてたけど、姿は何も見えなかったよね」とは言い出せなかった。

それでもやはり、昨日のエレベーターの件は変質者との遭遇ではなくて、不可思議な出来事だったのでは、と言いたい気持ちが湧いてくる。翌朝登校した際に、友人二人にそれとなく水を向けた。

「昨日のさ、エレベーター乗った時の……」

「え？　何の話？」

「ほら、本屋に行ったとき、帰りのエレベーターが五階に止まって、誰もいないのに声が聞こえてきたでしょ」

「なにそれ？　途中の階に止まるわけないじゃん」

なぜか同行していた友人二人は、謎の男性の声はおろか、エレベーターが五階に止まったという記憶すらなかったという。

市営住宅　（秋田市）

自宅にいることが多いせいか、家の中で変な体験をすることが多いですよ、と桜さんは言う。

彼女は市営住宅の三階で暮らしており、夫と息子二人の四人家族。家事とパートの仕事を掛け持ちしながら生活している。

ある時、自宅のベランダを白い楕円形のものがスーッと横切った。

磨りガラス越しなのでぼんやりとした輪郭しか見えないが、ビニール袋などのゴミにしては大きすぎるし、浮遊しているような動きではなく、真横にスライドしながら移動していた。

隣にいる息子に「あれ、なにかしら」と聞いてみたが、息子には白い楕円は見えていなかった。

深夜、家事を片づけた桜さんはゲームをプレイしてひとりの時間を楽しんでいた。

ゲームに熱中しているところで、背後からトントントン、と扉を叩く音がする。

なあに、と桜さんが声を上げる。息子が起きだしてきたのかと思ったが、反応はない。そのままゲームの操作を続けていると、再び扉が叩かれる。振り向いて音のする台所を見たが家族はおらず、振り向くと同時に叩く音は収まった。

ゲームのプレイがいち段落するまで、何度もトントントン、と叩かれるが、そのたびに振り向けば音が止む。叩かれているのは台所のシンクの下の扉で、立て付けが悪いわけではなく扉はしっかりと閉まっている。何度もノックが繰り返されるので、うるさいよ、と声を荒げたら音はそれきり聞こえなくなった。

これらは些細な出来事だから、恐怖を感じたりはしないそうだ。それでもある年のお盆の時季は、少しばかり彼女も驚かされてしまったという。

お盆を迎えた頃、自宅で使用している電化製品の調子が一斉に悪くなった。ＣＤプレーヤーを再生すると、プップツとノイズが流れて音楽を再生できない。掃除機をかけると唸るような稼働音がする。テレビの電源が勝手に切れる。故障というほどではないが、色々な機器が正常な動作をしない。

当時、桜さんは喋るぬいぐるみの玩具を所持していた。センサーで音や光に反応して会話することで有名な製品だが、深夜に家族四人が寝静まっている時に、突然ぬいぐるみが騒ぎ始めた。

アァー、アァー

オーケィ、ナン、アー

この玩具独特の鳴き声を発しながら、ジジ……と動作音を立てて瞳が開閉する。

また誤作動を起こしたのかと思い、桜さんは布団から抜け出して電源スイッチを切った。しかし、スイッチをオフにしてもぬいぐるみは鳴き止まない。何度もスイッチのオンオフを繰り返しても変化がないので電池を抜かねばと思ったが、あいにく電池の蓋はドライバーを利用しないと外せない仕組みになっている。

ダーボーベイ、ヌーロー
ローロー、ナナナーナナー
お喋りは止まず、電源を落とそうとする桜さんを煽るようにぬいぐるみが微笑む。
先ほどから騒音が寝室中に響いているが、夫も息子も目を覚まさない。一切の雑音が耳に入っていないようで、二人ともぐっすり眠りについている。
（え、聞こえてないの？　なんで？）
手にしているぬいぐるみは、延々と謎めいた鳴き声を上げ続けている。
コォウコゥ、ダボベー
オトゥマー、アァーアァー
とにかくぬいぐるみを黙らせたくなった桜さんは、物理的に破壊する以外に方法がないと思い、床に強く叩きつけた。

ニータィ！　ニータィ！

一撃では鳴りやまず、何度も床にぬいぐるみの顔面を打ち付ける。

ガコッ

硬いプラスチックの割れる音が響き、ぬいぐるみの動作は停止した。

白目を剥いていたから完全に死んだのだろうと、桜さんは思った。

翌日になると、不調だった電化製品はすべて正常に作動するようになり、ぬいぐるみだけをゴミに出した。

電源をオンにすれば、もしかすると再びぬいぐるみが知らぬ顔で喋り出したのかもしれないが、わざわざ確認する勇気はない。桜さんが衝動買いした玩具だから、息子たちにも文句は言われまい。

それ以来、桜さんは音声機能を搭載した玩具はもちろん、ぬいぐるみや人形の類が苦手になった。

「でも、出先では不思議なことって全然起きないんですよね。この家に越してきてからですよ、家の中で色々あるのって。もしかしてこの地域一帯とか市営住宅の建物自体に何か曰くがあるんでしょうか……」

桜さん一家は、息子二人が成長して独り立ちするまでは現在の市営住宅に住み続けるそうである。

ぴんぽんおばけたち　（由利本荘市）

由利本荘市出身のオミナさんという方から、ＳＮＳを通じてお聞かせ頂いた話である。

オミナさんが幼い頃、曾祖母が亡くなり自宅で葬儀を執り行った。

親戚一同が宅内に集まり、掃除から料理、弔問客の対応を手分けして行う。

当時、幼稚園児だったオミナさんにとっては、自宅に訪れる大勢の大人――弔問客や親族の多さと慌ただしさが強く記憶に残っており、そんな中の出来事だから尚更印象的だったという。

通夜の日の夕刻、十八時を過ぎた頃に「ピンポン」と玄関の呼び鈴が鳴った。

廊下に出ていた親族があわてて玄関先に出たが、来客者は見当たらないし、自宅に乗り付ける車の音すら聞こえなかった。

さてはピンポンダッシュの悪戯《いたずら》だろうか……とその親族は思案したものの、今晩が通夜であることは近隣の住民には周知済みであるし、彼らは皆、通夜に参列する予定なのだ。事情を知らずに不謹慎な行いをするとは思えない。

「なんでいないんだろう」

親族の後ろから玄関先を眺めていたオミナさんは、不思議に思いながら玄関の外に出て、来訪者を探した。昼間は弔問客が多数自宅に訪れていたが、通夜前のこの時間帯には、予定している来客者はいないはずだった。

「ああ、帰ってきたんだねえ、おばあちゃん」

「おかえり」

「来てくれてありがとねぇ」

通夜の準備に追われていた親族たちが、作業の手を止めて玄関先に集まってきた。

彼らは葬儀の準備に忙殺されながらも、にこやかな表情で口々に、曾祖母へ話しかけるような口調で談笑した。

「ぴんぽんおばけだよ。おばあちゃんが最期に来てくれたんだよ」

叔母がそっと、オミナさんの耳元で囁いた。叔母も優しく微笑んでいる。

無人の玄関口は夕暮れとともに薄暗くなってきたが、慌ただしい葬儀の最中のひと時、親族全員が玄関先に集まって、しばし故人への思いに浸っていたという。

同じく由利本荘市出身の早智子さんも、幼稚園の頃に似た体験をしている。

自宅前の公園で、夕刻に母親に見守られながら遊んでいると、目の前を蛍が一匹横切った。

アッ、と声を上げて、早智子さんは蛍を指さす。

「ママ！　みて！」

「あら。蛍って、秋にもいるものなのかしら」

早智子さんの指さす先をふわふわと浮遊する蛍を見つめながら、母親は呟いた。

朝晩の冷え込む十月である。蛍が飛ぶには季節外れなうえ、早智子さん一家の住む区域では蛍を今までに見かけたことがない。当然、幼い早智子さんは発光する昆虫の名前が蛍である、ということとすら知らないので、たちまち好奇心旺盛な幼心は発光する蛍に釘付けになった。

「どこにいくのぉ～？」

目の前をすり抜けて公園の入り口へ向かう蛍を早智子さんは追う。母親も慌てて我が子の後ろに付き添い、公園を出て住宅路を進む。

蛍は早智子さんの背丈ほどの高さを、爪先ほどの仄かに白い光を灯しながら道の真ん中をゆっくりと飛行する。親子は歩幅を緩めながら数軒の家の前を通り過ぎたが、門扉の柵の間から佐々木さんという方のお宅の敷地に入ってしまい、見失ってしまった。

「蛍、行っちゃったね。帰りましょう」

残念そうな表情をしている早智子さんの手を引いて、母親が佐々木さん宅の前から踵を返したところで、佐々木家の長男とおぼしき中学生くらいの少年が、家の門扉を開けて二人の目の前に現れた。少年はきょろきょろと周囲を見回した後、早智子さん親子を不思議そうに眺め、首を傾げながら自宅へと戻った。

その数日後、早智子さんの母親は噂づてに、佐々木さん宅に不幸があったと聞いた。しかしながら、佐々木さん宅には鯨幕《くじらまく》が張られていたわけではなく、臨終を迎えたのは老衰したゴールデン・レトリバーだったという。

先述のオミナさんから「ぴんぽんおばけ」について伺っていたため、現象は違うものの類似性があるやもと思い早智子さんに尋ねてみたが、「ぴんぽんおばけ」という言葉や同様の体験談を親戚縁者や近隣から聞いたことはない、とのことだった。

「でも、私たちが見ていた蛍が家の呼び鈴を鳴らしたかもしれませんよね。佐々木さんのお宅から男の子が出てきたのって、ピンポンって呼び鈴が鳴ったからドアを開けて外に出たのかも、って気がするんです。私たち親子を見て、困ったような顔をしていたの、なんとなく覚えていて」

ちなみに早智子さんがそのときに間近で見た蛍は尾部が発光していたわけではなく、「蛍くらいの大きさの虫みたいな何か」の全身が白く発光していたそうだ。

みよしさん

（県央某所）

「あの家――なにかあるかもしれません」

落ち着いた口調で話す由美子さんが、母の実家の話だと聞かせてくれた。

由利本荘市の近くに今でもある母の実家は、代々続いてきた大きな米農家だった。

由美子さんの祖父の代には最盛期を迎え、広い敷地には立派な社まであった。

「母の幼いときの記憶では、かなり大切に祀っていたそうです」

社の前には鳥居と池があり、太鼓橋まで架けられていたという。

その社は太平山三吉神社から勧請《かんじょう》され、秋田の郷土神『三吉霊神』を祀っていた。

秋田では「みよしさん」と親しまれている神様が祀られた社を、村の人々は大切に信仰していたという。

「田植えの時季になると提灯がたくさん灯され、列をなしてお参りしていたそうです。かなり賑やかだったと聞いてました」

しかし時代の移り変わりで、村の農家も専業農家から兼業農家が多くなり、こうした行事や信仰も失われていった。

また大事に社を守ってきた由美子さんの祖父母も、年老いて管理が難しくなり昔のような祀り方が出来なくなった――次第に社は荒れ果てていく。

「私が子どものころには、既に母の記憶の社とは程遠い状態でした」

そんな中、母の実家は数年の間で二度の火事に見舞われる。

二度とも全焼し、先祖代々続いてきた大きな曲り家を失う。

更に不幸は続き、療養していた祖父母が相次いで亡くなる。

そして由美子さんの叔父にあたる母の弟が代を継ぐと、叔父の奥さんも病気により亡くなってしまう。

「不幸が続くんで親戚の中には、荒れた社が原因だと心配する者もいたんです――」

奥さんを失って肩を落としていた叔父は、心配する親戚の勧めもあり、社の再建を決意する。

しかし、度重なる家の建て替えや米の価格下落で、かつてのような財力は叔父にはなかった――建て替えられた社は、規模を縮小した小さな祠になった。

「そのお祝いの席に私も出席したんですが――なぜか胸騒ぎがして、これで良くなるとは思えなかったんです」

そんな由美子さんの悪い予感は的中してしまう。

しばらくして実家は、屋根裏から出火――再び焼失してしまう。

今度は放火の疑いもかかり、家の再建には数年の時間を要した。

ようやく新築の家が完成しようかという矢先だった。

一番、家の再建を待ち望んでいた叔父が――新しい家に入ることなく交通事故で亡くなってしまう。

「ここまで不幸が続くので跡継ぎの従兄弟は、かなり気味悪がってました」

従兄弟は新築の実家に住むのを恐れ、他の場所に住まいを設ける。

従兄弟をはじめ親戚の誰もが、不幸の連続に怯えていた――。

しかし、何とかしなければと、由美子さんの母は行動に出た。

評判のイチコ（秋田県南のイタコ）の力を借りることにした。

イチコ曰く――龍が怒っている。

そして、社を小さくしたのもダメだと告げた。

このイチコのお告げを聞いて、由美子さんの母は水に関することを思い出す。

きれいな水が湧く、水の豊富な土地に家を建てたこと。

埋められてしまった実家の周りの池。

敷地の外から、きれいな水を引いていた社の池。

しかし、その社の池も今では濁りきった巨大な水たまりだ。

イチコの言うとおり、あの家には本当に龍がいて怒っているのかもしれない――。


「母からこの話を聞いて、私も思い出したことがあるんです」

それは由美子さんが、子どものころ実家に泊まる度に見た夢のことだった。

「夢は私がお社の池に面した部屋で寝ていると、縁側からカッパのような気持ち悪いのが何匹も畳を這って私の所に来るんです」

全身みどり色で、真っ赤な分厚い唇にギラギラした目……。

まさにカッパが由美子さんに触れようとする――その瞬間に目が覚める。

それは幼い由美子さんにとって、たまらなく恐ろしいものだった。

「この夢のことを何故か忘れていたんです――何かを伝えようと、見せられていたんでしょうか」

その後、従兄弟はイチコが伝えた対処方法も試してみたり、神職を呼んで祠の御祈祷をお願いしたこともある。

しかし、いずれも従兄弟の恐れと不安を払拭することはできなかった。

結局、従兄弟は今も実家には住んでいないという。

「これが母の実家で起きたことです。今でも私は怖くてたまりません」

確かに全焼する火事が二度もあり、家に住む人たちが次々と亡くなる――。

これは偶然では片付けられない異常さだろう。

もし自分の身に同じ事が起きたら、何かの祟りと考える人は少なくはないはずだ。

では一体、何が祟りを起こしたのだろう。

祖父が勧請した『みよしさん』か。

それともイチコが告げた怒る龍か。
はたまた由美子さんが夢で見たカッパか。
いくら考えても見えぬ力には答えは出ない。
ただ『みよしさん』は曲がったことが大嫌いな神様だと聞く。
祀り方が疎かになり『みよしさん』の怒りに触れたのなら理解もできなくはない。
あくまでも、この話を聞いた者としての解釈だが――。
由美子さんは『みよしさん』を祀る太平山三吉神社にお参りを続けているそうだ。
これ以上、不幸が続くことがないことを祈って。

山鬼神三吉さま

戊辰《ぼしん》戦争勃発時、新政府軍に属した秋田藩は奥羽越列藩同盟《おううえつれっぱん》により侵攻の脅威に晒《さら》されていた。賊軍《ぞくぐん》が神宮寺《じんぐうじ》（大仙市）まで押し寄せ、秋田側が劣勢になったその時、突如として両脇に大砲を抱えた大男が飛来し、賊軍に発砲した。すると、賊軍は大雪が降り出したような錯覚に襲われて陣営が崩れ、秋田側は今が好機と反攻に打って出た。

戦争中、この大男は秋田各地に出現しては秋田側を援護したという。

大男の正体は太平山《たいへいざん》の神である『三吉《みよし》霊神』とされ、「新政府軍は三吉様のおかげで勝てたのだろう」と評判になった。

秋田市赤沼の太平山三吉神社は県内外で広く信仰され、祭神は『三吉様』の愛称で親しまれている。

三吉様を一言で表すなら勧善懲悪。悪を憎み、困っている人には神力を貸してくれる気の良い性格をしている。だが、負けず嫌いでもあり、自身を負かした相手を暗殺しようとするなど怖い側面もある。

これが三吉様の大まかなイメージだが、同時に謎多き神であり、その姿も基本形である大男の他、ダイダラボッチ、ナマハゲ、座頭、鴉《からす》など様々な化身があると言われる。三吉と言われているが、江戸時代に書かれた菅江真澄の随筆には「山鬼人」、船遊亭扇橋『奥のしをり』では「山鬼神大明神」という名前でも記されている。読んで字の如く『山の鬼』である初期三吉の性質を表していると同時に、三吉の読みが本来はミヨシではなくサンキチであったことが窺える。山鬼人↓サンキチ↓三吉↓ミヨシと変遷したのが、現在の三吉霊神な訳である。

他にも只野真葛《ただのまくず》『むかしばなし』には人力で動かせない物を運んでくれる三吉鬼、人見蕉雨『黒甜瑣語《こくてんさご》』には悪者を攫《さら》っては溺死させる山男三吉が記されており、根っことなる性質は昔からさほど変わっていないのが分かる。

また中道等『旅と伝説通巻24号　奥羽巡杖記』には、太平山参詣の際に難儀すると、三吉が老翁《ろうおう》に化けて導いてくれる話が載っている。

太平山参詣者が山中で不思議な人物に遭遇する話は現在でも時たま耳にするので、三吉様は今でも健在であり、人助けをしているようだ。

遠洋航海実習

（男鹿市）

「うちの学校、海洋科があって専門科の先生の中には、長くいる先生も多いんです」

優花さんの母校では、かつて遠洋航海実習が行われていた。

その実習の歴史の中で、恐ろしくも悲しい事件が起きている。

昭和六十年八月下旬、三十名ほどの三年生は、船の操縦や漁の基本を洋上で学ぶための実習船に乗り、三ヶ月の予定で秋田港からインド洋に向け出港した。

実習船が航海に出て一ヶ月が過ぎようとしていた九月末、インド洋沖で実習生のK君が行方不明になった。海中に転落したと見て捜索がはじまる。

付近の漁船も加わり八日間捜索したが、K君を発見することはできず、死亡と断定された。実習は中止となり船は急遽、秋田へ帰ることになる。

そこでK君と最後に、船室を一緒に出た実習生AとBに殺害の疑いがかかる。

Aにおいては実習中、他の実習生にK君の殺害を持ちかけていた。

結局、Bが教官にAと一緒にK君を殺害したことを告白し、行方不明の事故から殺人事件へとなって秋田港へ帰航した十月中旬、AとBは秋田海保に緊急逮捕された。

K君殺害のAの動機は、彼女に会いたくてストレスが溜まっていた――事故を起こせば早く帰れると思ったという、非常に身勝手で短絡的な内容だった。

またBは、Aに脅されての犯行であったと自供している。この事件は、当時マスコミが短絡的な現代の高校生による犯罪として、大きく報道されている。


「先生が、この事件に関することだと話してくれたんです」

事件後学校では、あってはならない事件に憤りと深い悲しみに包まれていた。

そこで事件の説明とK君の追悼のために、全校集会が開かれることになった。

その集会でのこと――。

校長先生が全校生徒を前に、事件の被害者であるK君について語り出した瞬間、体育館の屋根の上を、誰かの歩く足音が聞こえてきた。

ドン、ドン、ドン――。


一歩ずつトタン屋根を踏みしめる音が、静まりかえった体育館に響く……。

その場にいた全員が声を出さずに聞いていた。

うつむき、足音がなんなのかを受け入れる者――。

天井を不思議そうに見上げる者――。

隣と目配せして頷く者――。

受け止め方は様々だった。

みな口には出さずとも、屋根の上を歩くのは誰であるのか理解していた。

亡くなったK君だと――。


「真面目で成績もよかった生徒だったそうです」

先生がK君のことを称えていたと優花さんは語る。

そして遠いインド洋で消えたK君は、未だ見つかっていないという。

蒼海の底から（男鹿市）

裕也さんが小学五年生の夏休みのとき、二十年ほど前のことだという。
裕也さんは父に連れられて、男鹿市の宮沢海岸で釣りを楽しんでいた。
この辺りは日本海には珍しく、透明度の高い海が青く輝いている。
裕也さんは、ここで釣りをするのが大好きだった。
釣果はそれなりで、小ぶりのアジが大量に釣れていた。
一時間ぐらい経ったころ、裕也さんは父と少し離れた位置で竿を構えた。
もっと大きいのが釣りたい――父へのライバル心からだった。
しかし、一向にウキにアタリが来ない。
「ここダメだなあ……」

堤防の縁に立って海を覗き込んだ瞬間、誰かに強い力で背中を押された。
不意を突かれた裕也さんは、為す術もなく海に落ちてしまう。
（どうしよう？　泳げないのに……）
突然の出来事に慌てる気持ちを抑え、生きる方法を考える。
（息をしなくちゃ！）
水が苦手な裕也さんだったが、海面を探すために思い切って目を開けてみた。
海底が見えるほど透明な海なのに中は暗く、不安な気持ちに拍車がかかる。
とにかく海面に出なければ――必死に手足を動かす。
息が苦しい……。
もがき苦しんでいると、足下に何かがいるのが見えた。
おかっぱ頭の女の子――赤い着物姿の人形だった。
驚く裕也さんに、女の子の人形が海の底から向かってきた。
二重の恐怖に耐える裕也さんは、必死に陽の光が見える海面を目指した。
すると何かが右足に触れ、ひざに痛みを感じた。
痛い――その瞬間、彼は海面に顔を出すことができた。

海水を飲みながらも必死に息を吸う。

「大丈夫か！　こっちだ！」

堤防に数人の姿がある。

運のいいことに、裕也さんの目の前に堤防の突起が見えた。

そこに手を掛けると、父親を含む周囲の大人が上に引っ張り上げてくれた。

こうして彼は一命を取り留めた――。

「裕也！　大丈夫か！」

「お、お父さん……」

父親の顔を見て安堵する。

「お前、ケガないか？　どこも痛くないか？」

裕也さんは、海中で痛みを感じた右ひざを真っ先に見た。

ひざには赤く小さな噛み跡が、くっきりと残っていた。

十数年後――裕也さんの職場の飲み会でのこと。
話題はいつしか怖い話になり、彼は小学五年のときの体験を話すことにした。

みんなが「怖い！」と反応する中、先輩の女性社員が真剣な顔で尋ねてきた。

「確かに赤い着物の女の子の人形だったの？」

「そうです。赤い着物か布を纏った女の子の人形でした」

「あのね、私さあ宮沢海岸の隣の集落、五里合《いりあい》の出身なんだけど――」

彼女が子どものころ、集落で見た風習が気になると話し出した。

「近所のいろんな所にね、柱に赤い着物を着た女の子の人形が縛られてたの――」

「人形が縛られて？」

「そう、これくらいの大きさだったかなぁ」

彼女が手で示した大きさは、裕也さんが見た赤い着物の女の子の人形と同じくらいの大きさだった。

「子どものころから見てたから、不思議に思わなかったけど、ちょっと怖かったなあ。あれは何かのおまじないだったのかな？　柱にも字が書いてあってさぁ。もしかして裕也君の見た人形と関係あるのかなあと思ったのよ」

裕也さんは、その話を聞いて何かつながりを感じたという。

裕也さんの体験談を聞いて、私は男鹿市の五里合地区を訪ねてみた。

美しい海岸線から集落に入ると、田んぼでは稲刈りに勤しむ人の姿を多く見かけた。

その中で、休憩をしていた高齢の方々から話を伺う。

「婆っちゃたちが集まってやってたな。んだども――もうやめでまったぁ」

確かに、人形が柱に縛られていた風習が五里合にはあったという。

それは百万遍念仏行事として、女性が中心で行われていた。

集落の入り口や辻に念仏が書かれた柱を建て、赤い布を纏った女の子の人形を縛っていたそうだ。

おそらく人形は、集落を守る道祖神の役目だったのだろう。

周辺の集落では、鹿島船を海に流す行事がある。

もし五里合の人形も役目を終えて海に流していたら――。

そんな予想を聞いてみたかったが、行事を詳しく知っているというお婆さんには残念ながら会うことが出来なかった。

ただ偶然だろうが、裕太さんが人形の体験をしたのも、五里合の人形行事が終わったのも二十年ほど前のことだったという。

帰り道に（男鹿市・秋田市）

「週末、三人であそこ行こうよ。こないだ先輩が肝試しに行ったら車にベタベタの手形がついていたってさ」

健太さんは、友人の日野さんから心霊スポット訪問の誘いを受けた。

行き先は男鹿市にある全国的に有名な廃ホテルで、以前から「出る」噂を小耳に挟んでいたものの、近しい人による実体験を聞いた影響で日野さんは俄然興味が湧いてきたらしい。二人だと心許ないから男三人で、という打診だったため、日野さんと健太さんの共通の友人を誘うことになったが、この手の誘いに乗りそうな悪友は風邪を引いてしまったため、佐藤さんという友人を無理やり誘うことになった。

自称「幽霊を見たことがある」内気で怖がりな性格で、明らかに気乗りのしない様子だったが、健太さんたちも二人だけの訪問はいささか心細い。嫌がる佐藤さんを無理やり説得して決行することに決めたそうだ。

三人とも秋田市内在住のため、往復はそれなりに時間がかかる。外が暗くなる前に出発したが、廃ホテル到着時は肝試しにうってつけの時間帯になっていた。

「俺、行けない。絶対『いる』よ、ココ」

夏場なのに歯をカタカタと鳴らして震える佐藤さんは、車内からテコでも動こうとしない。

健太さんと日野さんは説得を諦めて、二人だけでホテルを散策することにした。

噂を聞いて身構えていたものの、既に有名な心霊スポットということもあり、バリケードには穴が開き、中に入るのは容易《たやす》い。建物内部も、既に多くの人が訪れているせいか壁の落書きが目立ち、足場には訪問者によるゴミがいくらか散乱しているものの、通行が困難な程の障害物や残留物は残っていない。腐食や倒壊部分が少ないため物理的な危険もなく、二人はすんなりと建物を一周することができた。雰囲気はあるが拍子抜けするほどに何もない、というのが感想だった。

「お待たせ。何にもなかった」

「さっさと帰ろうぜ」

車内で不安そうに縮こまっている佐藤さんに声をかけて、三人は男鹿を後にした。

車が秋田市内に到着したのは深夜を回った頃だという。国道沿いを走行して帰路についていたが、川尻にある交差点で衝突事故を起こし、車は大破した。

運転していた日野さんと助手席の健太さんは重傷を負い、後部座席にいた佐藤さんはその事故で亡くなっている。

佐藤さんには可哀そうなことをしてしまったと健太さんたちは悔やんでいるが、悔やみきれないほどの事故である。

肝試しを誘った日野さんは「やっぱりあのホテルは最凶だったのかも」と怯えていたが、事故現場の近隣に住む健太さんは、それに対しては、やや否定的である。

事故現場の交差点は、元々事故多発地帯で死亡事故も過去に発生していたと記憶している。当日は長時間の運転で日野さんも疲れていたし、通行量の少ない深夜という気の緩みもあったかもしれない。それに、交差点に面した店舗はすぐにテナントが変わるので、あまり良い印象がない。

曰くや因果関係があるのだとしたら、ホテルと交差点、どっちがヤバいんだろなって、僕は思うんです。

どっちも良くなかったんですかね。

佐藤さん、ホテルには入らなかったけど、交差点で連れて行かれちゃったんですかね。

健太さんは事故以来、その交差点を通過することは控えているそうだ。

廊下を走る（秋田市）

秋田市内の某県立高校には「学校の怪談」が一つ、伝わっているという。

昭和の終わり頃、深夜に校舎へ不法侵入があった。侵入したのは当時の在学生で、目的は他生徒の所持物か金品の窃盗だったと言われている。生徒は学校内に忍び込むことには成功したものの、校舎を徘徊中に当直の教師に見つかり、逃亡中にパニックになったその生徒は、校舎の上階から飛び降りてしまい、不幸にも死亡した。

もしも夜中に校舎へ侵入してしまうと、亡くなった男子生徒の幽霊が墜落時の無残な姿で現れ、忍び込んだ生徒を追い回して最上階から突き落とす――そんな話が、平成以降、学内ではまことしやかに噂されていた。

高校のOBである木村さんは、在学中に「学校の怪談」としてその噂を耳にし、過去に起こった事件はともかく幽霊話はさすがに盛りすぎだろうと思っていた。見るもおぞましい姿というのも失笑だが、第一、幽霊に上階から突き落とされてしまったのなら、侵入した人間はもれなく死亡するはずだ。怪談としては辻褄が合わない粗末さである。

むしろ、侵入の罪はあれど死後に幽霊扱いされる男子生徒が気の毒だ。

木村さんが在学中は当番制の宿直が行われていたようで、高校に勤務する教師が順繰りに宿直当番を割り振られ、一晩泊まり込むことがあったらしい。

木村さんの担任であった野本先生は中年の男性教師だが、宿直当番の翌日、ひどく疲れた様子でホームルームを開始したのを覚えている。

「先生、どうしたんですか？」

野本先生の体調を心配した木村さんは声をかけた。

「当直で眠れなかったからね……」

先生の声には覇気がなく、眼鏡の奥の瞳は充血し目の下には浅黒いクマができている。

「当直って、一晩中起きてなきゃダメなんですか？　つらいっすね」

木村さんが同情すると、先生の表情が陰り、独り言のように呟いた。

「『出る』のは本当だったよ……」


当直時のことについて、野本先生は一切、口を開かなかった。

木村さんが根掘り葉掘り聞いてみた限りでは、「学校の怪談」の噂は本当で、夜中に校舎内には「出る」ということと、あわてて宿直室に逃げ帰ってきた、ということまでは聞けた。しかし、生徒の幽霊の姿かたちや、追いかけてくるか否か等の詳細な説明は頑なに拒否された。

そのため、この幽霊についての謎は多いのだが、いっぽう木村さん自身は、在学中に一度だけ不思議なことがあったという。


放課後に、木村さんは校舎の四階を走っていた。おそらく、何かしらの用事があって急いでいたのだろう。その時は廊下には誰もいなかったので、全速力で一気に駆け抜け、突き当たりにある階段へと向かっていた。

木村さんは俊足だったが、後ろから別の男子生徒が、木村さんを追い越した。

チクショウ、と追い抜かれた木村さんは悔しさを感じたが、ふと前方を見ると、その生徒は既に廊下にいない。

廊下の突き当たりで階段を昇降したのかと思ったが、階段では生徒の足音も聞こえず、姿も見えない。ほんの一、二秒のうちに瞬間移動でもしたのかと思えるくらいの速さでなければ、そもそも階段まで到達できないはずなのだが……。

この体験をしたのは深夜ではなく夕刻だが、もし仮にあの男子生徒が、野本先生が目撃したものと同じであるならば、かなり足が速かったのだろうと木村さんは思った。

「俊足だから、逃げ切れると思っていたのかもしれないですよね」

木村さんは幽霊のモデルとなった男子生徒に対し、少しばかり同情した。

墓地の明かり

（秋田市）

矢上さんの飼っている犬の散歩コースの途中に、キリスト教墓地がある。住宅街に面した敷地の一角に、十字架の形に削り上げられた墓碑がいくつも並んでいる光景はやや珍しい。早朝や夜更けに犬を連れて矢上さんは墓地の前を通るが、四角い墓石と卒塔婆という仏教式の見慣れた墓とは趣が異なり、あまり怖いという気持ちにはならなかった。

ある晩に犬を連れて墓地前の道に差し掛かったところ、墓地の敷地内に明かりが一つ灯されているのが見えた。少し黄色っぽい色の明かりで、墓前の蝋燭に火を点けているのだろう。別の日の晩にも墓地前を通ると、前回とは別の位置に明かりが見える。

キリスト教では夜に墓参りする習慣があるのかも、と矢上さんは思ったが、墓参者は帰ってしまったのか、墓地内は無人である。

しかし目を凝らすと、その明かりは少しずつ、左右に移動している。墓と墓の間をゆっくり縫うように進む明かりは、まるで人魂のように見えた。連れていた犬も心なしか怯えているようで、矢上さんは駆け足で来た道を戻った。

それでもなお、犬は懲りずに翌晩も墓地前の散歩ルートを通りたがるようで、矢上さんは渋々、通過することになった。

するとその日は、墓地全体が明るくなっている。昨晩まで目にしていた明かりの数が増えていたのだ。全ての墓に蝋燭が灯されているんじゃないかと思えるくらいの数で、明かりは敷地内をほぼ等間隔に散らばり、光を放っている。

すると、その球粒のような明かりは一斉に瞬いた。それからゆらゆらと移動し始め、墓地の中央へと集まっていく。一つに集まった明かりは大きな円盤状になり、それは墓地の裏手の林に向かって真っ直ぐ飛行した。

林の木々の間に隠れて光が見えなくなるまで、数十秒だろうか。あっけにとられて見ていた矢上さんは、平常の暗さに戻った墓地をぼんやり眺めながら、

「あれは新手のＵＦＯじゃねか……？」

と思ったという。

ちなみに、墓地の東側の、裏手に位置する林は広大な公園の敷地となる。周辺の小高い山一帯が公園として利用され、散策やレクリエーションで市民に親しまれている場所だが、敷地内での自殺や幽霊の噂など、心霊スポットとしてはそちらの公園のほうが有名である。

出現した光が公園の方へ消えていったとなると、これもまた、公園にまつわる体験談として数えても良いのかもしれない。

矢上さん曰く、公園内の自殺は発生当時に警察の無線を傍受してしまったから本当にあったこと、との話である。その場所には現在、公衆トイレが建てられているそうだ。

べらぼう　（秋田市）

筆者（卯ちり）自身の話で恐縮だが、小学四年生から高校卒業まで、秋田市広面《ひろおもて》の賃貸住宅で暮らしていた。

戸建ての住居で、家の前には車が二台駐車できる。二階の六畳間二つは私と弟の子供部屋で、引っ越しを機に自室を持てたことが嬉しかった。

私の部屋には押入れがあったが、湿気の多い家だったので季節外の衣類は私の部屋の押入れに片づけられていた。私個人の私物よりも、カビを避けるために収納されたものが色々と置かれていた記憶がある。

引っ越して間もない頃、部屋の片づけをしつつ押入れを開けてみると、中からひやりとした風が吹いた。

押入れの中をあらためてみると、押入れ天井のベニヤ板に、数センチ程度の長方形の穴が開いていた。住居に必ず取り付けられている、点検口があったのだ。

点検口を塞いでいる薄いベニヤ板を横にずらすと、真っ暗な天井裏の空間が出現した。天井裏を覗いてみたい誘惑に駆られたが、押入れの上段に乗って背伸びをしても、私の身長ではひと思いに登ることができない高さだった。それでも自室の押入れに隠し扉を見つけたような気分になり、天井裏を自分なりに使えないかと思いを巡らす。

そこで思いついたのが、物置として利用することだった。

せっかく天井裏に仕舞っておくのなら、秘密にしておきたいものを選んだほうが良い。落書き帳や点数の悪かったテスト用紙など、親に見られたら怒られそうなものを選りすぐり、点検口のベニヤ板を開けて天井裏にそれらのノートやプリントを安置した。

家族へ隠し事をすることへの背徳感を覚えたが、ここならきっと親には見つからないだろうという自信もあった。

そのせいだろうか、夜に自分の部屋のベッドで寝ていると、たまに押入れの夢を見るようになった。
夢の中で、私は押入れを開ける。点検口のベニヤ板は取り外されていて、五十センチほどの大きさの四角い点検口が全開になっているが、そこには大きな顔があった。
顔は右半分しか見えない。大きくてぎょろっとした目のまわりは赤く縁どられ、舌を出して笑っている。大きな顔は点検口をぴったりと塞いでいて、押入れを眺めている私を驚かすように見下ろしている。

気持ち悪い夢だと目が覚めるたびに思ったが、天井裏という真っ暗な閉ざされた空間への恐れと、ものを隠している罪悪感ゆえの夢だろうと解釈していた。この夢は数か月毎に繰り返し見ていたが、だからといって天井裏に置いていたものを撤去しようとは思わず、小学校を卒業するまではプリント類を見繕《みつくろ》っては天井裏に置いていた。

その家には十年ほど住んでいたが、私が成人を迎える年に、新居を購入するから近々引っ越すと両親から連絡があった。当時は東京で学生生活を送っていたので、帰省して準備を手伝おうかと打診したが、手を借りなくても大丈夫だという言葉に甘えることにした。二階の自室は私物が色々と残っており散らかっていたが、両親に片づけを一任した。

実家の引っ越し作業が済んだ頃に帰省して、新居の実家で寛いでいた時に、ふと前の家の記憶が蘇った。

前の家で寝泊まりしたのは昨年の夏に帰省したのが最後で、その時は新居購入の話を聞いておらず部屋もろくに片づけないまま東京に戻ったので、引っ越しをしたという感慨はない。新居は綺麗で居心地が良いが、住み慣れた家の勝手知ったる安心感はなく、前の家が少しばかり懐かしく感じた。

……あ、天井裏を片づけるの、忘れてた。

ふと、押入れのことを思い出す。小学校の時に天井裏に置いていたノートやプリントは放置したままだった。こっそり隠し置いていたのだから、片づけを頼んだ両親は勿論気づいていないまま引っ越しを済ませただろう。もしも次の入居者が点検口を開けたときにあのノート類を見つけたらと思うと恥ずかしさがこみ上げ、回収できるものならそうしたい、と思った。前居は月末まで賃貸契約は残っているはずである。

その日は快晴で、出かけるには丁度良い。昼食を済ませた。私は散歩に出て、自転車で前の家へと向かった。新居と前の家はさほど離れておらず、自転車で十五分ほどの距離にある。

空き家となった元住居の前に自転車を停め、玄関の横にある出窓から中を覗くと、洗濯機が設置されていた跡が残る洗面所の床が見え、壁際に本棚が置かれて狭く塞がれていた廊下は広々としている。遮る家具がなくなり、廊下の先にある台所のドアまでを出窓から見渡せた。居住者と家具が消えてがらんどうになった家には、私の家族が十年間暮らした痕跡だけが残されている。年季の入った汚れと破損は影のように留まり、見慣れていた家の内部はどこか他人行儀な印象で、よそよそしく感じた。

私は鞄からキーホルダーを取り出した。

これに三種類の鍵を纏めて持ち歩いている。東京のアパートの部屋の鍵、自転車の鍵、実家の鍵。新居の合鍵はまだ受け取っておらず、キーホルダーにはこの家の鍵がぶら下がったままだった。

鍵穴に入れて回すと、ガチャ、と噛み合う音がして玄関扉が開錠した。

玄関で靴を脱ぎ、廊下を進む。一階の和室は畳が日に焼けており、台所の壁は油汚れが飛んで飴色に染まっていた。

食器棚や箪笥の置かれていない家は、暮らしていた頃よりもずいぶんと広く感じられた。それでも板張りの壁に手を添えて階段を登ると、家に帰ってきた感覚になる。壁板と階段に足を下ろした時の感触が身体に染みついているので、ほっとした気持ちになった。

私の部屋の押入れに登り、点検口を開けた。全身に力を込めて、天井裏へ身体を押し込む。

天井裏は断熱材が敷かれ、動くとカサカサと音が鳴った。当時利用していた折り畳み式の携帯電話で周囲を照らすと、太い柱と梁《はり》が見えた。屋根板の隙間からは、わずかに外界の光が漏れている。

小学生の私が放置したノート類は、点検口の脇に雑然と放り投げられていた。それらを回収して鞄に詰め込んでから、四つん這いで天井裏を歩いてみた。以前、飼い猫が点検口の隙間から天井裏に登ってしまい、天井裏を遊び場にして駆け回ったことがあったのを思い出したのだ。

私が真似をしても猫のように自由な身動きは取れないが、不器用に数歩進んだところで一枚の紙切れを発見した。

私が隠したプリントのうちの一枚だろうと思って手に取ると、和紙のざらついた感触がある。

携帯電話の明かりで紙面をあらためると、べらぼう凧の図案が描かれていた。

頭には牡丹、大きな目元の周りには紅が塗られ舌を出して笑っている能代発祥のべらぼう凧の絵柄は、郷土学習などで何度か目にしたことがある。しかしこのようなものを自分で天井裏に置いた記憶はないので、以前の居住者の置き土産かもしれない。

赤く縁どられた大きなぎょろ目、舌を出して笑う口。

凧を眺めていると、小学生の頃に見た夢を思い出した。

天井裏から覗く大きな顔は、このべらぼうではなかったか。

べらぼうは天井越しに、私を日々見続けていたのではなかろうか。

回収した小学生時代のノート類はそのままゴミに出して片づけてしまったが、べらぼう爪は持ち帰らずにそのまま天井裏に残してきた。あの家の天井裏に置いておくべきものだろう、というのが私の直感だった。

現在でもふと思いだした時に、ウェブ上のマップで広面周辺を調べ、家の現況を確認している。

現在は築年数が四十年を超える物件で、数年毎に入居者は変わり外壁は様々な色に塗り替えられているが、家は取り壊されずに現存している。

あの家に住んだ住人たちが天井裏をあらためない限り、べらぼう爪は取り壊しの日まで、家に居続けているのだろう。

乱舞～田んぼにて～（男鹿市）

あの日は、残業が続いていたから少しでも早く家に帰りたかったんです。

当時ＩＴ関連の企業に勤務していた真一さんは、深夜遅くに仕事を終え自宅へと車を走らせていた。

男鹿市に入り近道をしようと県道五四号線から、普段は滅多に通らない農道にハンドルを切った。外灯もない田んぼが続く農道を、ヘッドライトの明かりだけ頼りに走る。

深夜ということもあって、すれ違う車もない。

家路を急ぐ焦る気持ちが、アクセルを踏み込ませていく。

もう少しで自宅のある町に、たどり着こうかというころだった。

ハイビームのヘッドライトが路肩に立つ人影を映し出した。

「あんな場所に人がいるなんて思ってもいませんでした」

民家が立ち並ぶ町が近いとはいえ、町からは三キロほど離れている。

安全のためにスピードを落としていくと、しだいに姿がハッキリと見えてきた。


こちらを向いて立つ髪の長い女性――。


スラリと背が高く、花柄のワンピースを着ている。

その様相から真一さんは、若い女性だろうと思った。

しかし女性は俯いていて、顔がハッキリと見えない。

「見た感じ同年代の子に見えたんで、誰だろうと思ったんですよ」

そこで、更にスピードを落としたときだった――。

ライトに照らされた女性が突然、突拍子もない動きをし始めた。

「両足を揃えたまま、上半身を前後左右にクネクネと動かすんです。腕なんか滅茶苦茶に振り回すんですよ！　髪も振り乱して狂ったように動くんで、ヤバい人だと思ったんです」

真一さんは唖然とする一方で狂乱の舞をする女性が、どんな顔をしているのか見てやろうという欲望にかき立てられた。

「そのまま通り過ぎれば良かったんですけど……」

ゆっくりと女性の横を通り過ぎるとき、女性は一瞬だけ車の方を向いた。

乱れた髪の中から色白の彼女の顔が見えた。


女の顔には目も鼻も口もなかった――。


まるで、ゆで卵のような顔だった。

見なけりゃよかった――恐怖と後悔が入り混じる。

真一さんはハンドルを強く握り、アクセルを踏み込んだ。

車内に唸るエンジン音が響く。

まさか追って来るのではと不安に駆られ、バックミラーを覗いてみた。

そこには狂乱の舞を続ける女性が、漆黒の闇に小さく消えていくのが見えた。

今でも真一さんは件《くだん》の農道を通っていないという。

乱舞～浜にて～

（男鹿半島某所）


十年ほど前のお盆のことだという。

大館市に住む和樹さんは地元の友人たちと、夕陽が美しい男鹿半島近くの海水浴場でキャンプを楽しんでいた。

帰省してきた懐かしい顔ぶれも混ざり、男女十数名の大所帯がバーベキューで盛り上がる。

夜十時も過ぎると、焚き火を囲んで談笑したり浜辺で酒を飲んだりと、めいめいが夏の夜を楽しんでいた。

そんな中、元気のいい数名が砂浜にサイリウム（アイドルのコンサート会場で見かける光る棒）を刺しては歓声を上げ騒いでいた。

赤、黄、青、緑、オレンジとカラフルなサイリウムが砂浜に綺麗に光る。

その様子を和樹さんは、一緒に幹事を頑張ってくれた今井と砂浜から離れた場所で見ていた。

「みんな集まってくれて、いがったなあ」

「んだんな。まんず、みんな楽しそうで」

二人はビールを飲みながら互いの労をねぎらう。

しばらくすると砂浜で光るサイリウムが、最初に光った物から消えるのが見えた。

「おーい！　サイリウムが消えてるぞ」

立ち上がって浜辺の彼等に声を掛けるが、和樹さんの声は波の音に消されて聞こえてないようだ。

「仕方ねえ、拾ってくるよ」

ゴミを残してはいけないと、幹事の責任で和樹さんが砂浜に向かう。

海に沿ってサイリウムを砂に刺していた彼等は、気がつくとかなり遠くで騒いでいる。

その様子を見ながら、最初に役目を終えたサイリウムから拾う和樹さん。

しゃがんで何本目かを拾い上げたときだった。

「和樹！　おーい！　和樹！」

後方で、誰かが自分の名前を呼んでいる？

（誰だ？――）

「和樹！　なにしてらんだ？」

声の主は今井のようだ――。

叫びながら、こちらへ向かってくる。

「和樹！　ハハハハなにしてんだオメ？」

「オレここだ！」

和樹さんが立ち上がると、今井が十メーターほど離れた場所で立ち止まった。

「あ、あれ？　オメそこにいだの？」

「いだもなんも、さっきからこの辺にいだ」

「え？　へば……」

「オメ、なに変なこど言ってんだ？」

「いや、オメがよ、変な踊りしてらの見えだから……」

再び和樹さんの方へ歩き出した今井が、訳のわからぬことを言ってくる。

「踊り？　踊ってなんかねえよ。オレずっと、この辺でサイリウム拾ってでたから」

和樹さんの説明に、目の前まで来た今井が不思議そうな顔をする。

今井が見たことについて説明し始めた――。


二人で飲んでいた場所で今井は、和樹さんのいる砂浜を眺めていたという。

タバコを吸うのにライターを取り出そうと、少しだけ砂浜から目を離した。

すると波打ち際に、可笑《おか》しな動きをする人影を見つけた。

今井は自分を笑わそうと和樹さんが踊っているのかと思い、声を掛けたそうだ。


「それでよ、オメが返事したら、その影が踊りながら海に飛び込んだのよ」

「人影？　砂浜にはオレ一人しかいなかったぞ。アイツら向こうだし」

和樹さんがかなり離れたところで、騒いでいるサイリウムのグループを指さす。

「だよなあ……」

「踊りって、どんな踊りしてらのよ？」

「手ば、こうやってぶん回してよ」

今井が踊りを再現して見せた。

その動きは、体をくねらせながら手を滅茶苦茶に動かす奇妙なものだった。

「ハハハハハなんだそれ！」

「いやマジだって！　マジでこんな動きして、最後に海さ入って消えたんだって」

和樹さんは、今井の話が不気味に思えてきた――。

今井の話を整理すると、波打ち際の人影と今井の間に自分がいたことになる。

サイリウムを拾いながら、波打ち際は何度も見ている。

なのに、波打ち際で人影など一度も見ていない――。

「今井……それって……」

「なあ、おかしいだろ？　じゃあオレの見たのって……」

二人は、それ以上言葉を交わすことなく砂浜を後にした――。

インタビューを終え、最後に和樹さんに今井が見たという人影の動きを再現してもらった。その動きは「乱舞～田んぼにて～」の貞子さんが再現してくれた女の動きとそっくりだったことを付け加えておく。

私は、二つの怪異に秋田発祥とも言われている都市伝説『くねくね』を想像した。
こんな体験談が秋田では他にもあり、あの都市伝説が生まれたのか。
その判断は読者にお任せしよう。

ナマハゲは神か？ 鬼か？

ナマハゲは知名度の高さから秋田代表の妖怪として扱われることが多いが、その際に「ナマハゲは鬼じゃなく、神様です！」とツッコミを入れている人を昔からよく見る。

この意見は半分正解、半分誤りというのが個人的な見地である。

まず結論から言ってしまうと『ナマハゲは鬼神。またはその化身』というのが最も相応しいように思われる。

根拠として、ナマハゲの起源は幾つか説があるが、最もメジャーな物は、漢の武帝が引き連れて来た五匹のコウモリが化身した鬼という逸話である。

そもそも大元からして鬼以前に、コウモリの妖怪というのが興味深い。

神の化身と解釈される場合は、真山《しんざん》・本山《ほんざん》の赤神、太平山の三吉様がその大元と謂れがある。どちらにしろ高い山から地上にやって来た姿がナマハゲなわけである。

この考えは男鹿に古くからある鬼神信仰とも直結しており、土地の人々は山中に鬼神が住むと考えていた。そのため『羽陰《ういん》温故誌』には男鹿の鬼神について幾つか面白い話が次の様に紹介されている。

①鬼頭榧《きとうかや》

真山神社の境内に現在も生えている『鬼頭榧』は、樹齢千年とも言われる大樹だが、不思議なことに実が成ると鬼の頭の形になる。これは当地に住まう鬼神の影響だという。

②鬼神の業

男鹿の北浦《きたうら》に非道な女が住んでいたが、明治十二年に病死した。葬儀の際、一転俄《にわ》かにかき曇ると雷鳴と雨霰《あめあられ》が吹き荒れ、参列者が一旦避難し、しばらくして戻ると棺が消え失せていた。これは鬼神の仕業とされた。

③鬼の弟子の翁

男鹿の畠村《はたけむら》に『鬼の弟子』を自称し、予知を得意とする翁《おきな》がいた。ある時、男鹿三山で峰行していた女が一人行方不明となり、件の翁が居場所を告げて救助した。

④真山の神隠し

明治十一年四月、ある母娘が真山へタケノコ取りに行ったが、麓に着いた途端に娘の目の前で母が消失した。大騒ぎとなり、村人たちが真山を三日間捜索したが見つからず、巫女に口寄せして貰うと『今は人間の目には見えぬ所にいるので帰れない』と託宣が降った。

以上のようにナマハゲが降りてくる真山には、鬼神たちが暮らす異界が存在し、時折り不思議な現象として片鱗を見せると人々は考えていたのが分かる。

高橋文太郎《ぶんたろう》『男鹿のナマハゲ』によれば、真山の赤神様は赤鬼の姿をしており、昔はナマハゲを行うと中に本物が紛れていた。ある年のナマハゲで、家の主人が「子供が悪垂れるからまじなって（尻をつねって）くれ」と言ったら、本物が子供を拉致してしまった。しばらくして、子供は神明社《しんめいしゃ》に置き捨てられているのが発見されたという。

県南エリア

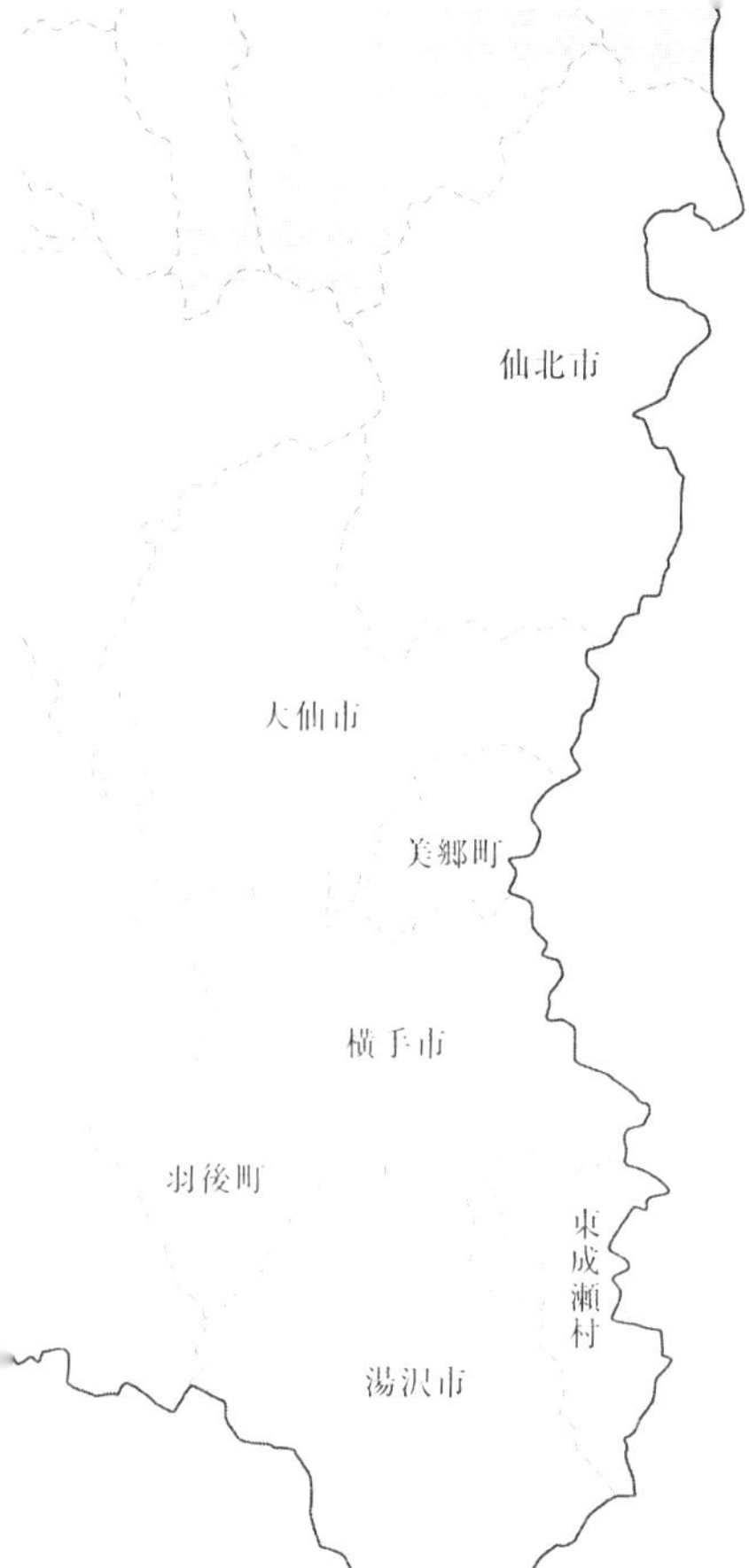

県南エリア

田沢湖や角館がある北秋田市、大曲《おおまがり》花火大会で有名な大仙市がある内陸部、小《こ》正月《しょうがつ》行事のかまくらが有名な横手市や小《お》安峡《やすきょう》、栗駒山《くりこまやま》などの観光スポットがある湯沢・栗駒からなる内陸南部。県内で一番の豪雪地帯。

おそさま　（横手市）

横手市郊外に住む内田さんから伺った話。

「自分が子どものころですから、三十年ほど前の話になります」

内田さんの家の向かいには「おそさま」と集落の人が呼ぶ小さな御堂がある。

おそさま――御祖師様こと日蓮宗開祖の日蓮聖人であり、関東では「おそっさま」と呼ばれている。

おそさまの御堂には三体の石像が祀られ、建立は不明だが集落の人たちの手によって大事にされてきた。

内田さんの家でも代々毎朝、手を合わせてきたという。

ある日のこと。

おそさまの御堂に、どこからやって来たのか浮浪者の男が居着くようになった。

集落の人たちは、住む場所もなく困っているだろうし、そのうち何処かへ行くだろうと、はじめは考えていた。

しかし浮浪者の男の行動は、次第にエスカレートしていく。

御堂の中で寝泊まりをし、火を使って煮炊きまでするようになる。

これには温厚な集落の人たちも困惑した。

そこで代表者数名が、男と話をすることにした。

「ここは、みんなが大事にしてる御堂だ。住むところでもねえし、火なんか使って火事になったら大変だ。オメいろいろ困ってるなら役場にでも相談したらどうだ」

すると男の口から、意外な言葉が返ってきた。

「うるせえ！　へばオラどこさ行けばいいんだ？　オラに死ねってか！」

怒号を浴びせる男。

「いや、そんな死ねなんて言ってねえべ。まんず落ち着いて話すべ」

話し合いとは程遠い、押し問答の状態が続く。

そして男は更に興奮し、とんでもない行動に出た。

なんと集落の人たちの目前で、御堂に火を放った――。

「なんてことするんだ！」

「うるせー！　オメだちの家も燃やしてやる！」

常軌を逸した男の言葉に、恐れを抱いた集落の人たちは自宅へと急ぐ。

「おそさまが！　御堂が火事だ！」

集落が大騒ぎになると同時に、御堂は激しい炎に包まれていく。

男の姿はどこにもない――。

「早ぐ！　火ば消せ！」

いつ男が集落の人たちの家に、再び火をつけるかもしれぬ不安の中、懸命に御堂の消火作業が行われる。

しかし御堂は、人々の願いも虚しく焼け落ちてしまった――。

そして罰当たりな男は――騒動の中、警察によって逮捕されていた。

「浮浪者の男が逮捕後に、こんなことを話したそうです」

男は、おそさまの御堂に火を放った後、集落の人たちの家に火をつけようと駆け出した。真っ先に向かったのは御堂の向かいにある内田さんの家。

内田家の敷地内に、足を踏み入れた時だった。

「大男さ怒鳴られただ――」

内田家の屋根の上に恐ろしい形相の大男が、仁王立ちで自分に向かって叫んできたという。

それに恐れをなした男は内田家を飛び出し、わなわなと震えていたところを逮捕された。

「もうひとつ、不思議なことがあったんですよ」

悲しくも焼け落ちてしまった御堂から三体の石像の他に、あるものが出てきて集落の人々を驚かせた。

ごま団子――朝に内田家がお供えした供物だった。

内田家では昔から毎朝、おそさまにお供えを続けてきた。

その、ごま団子が朝にお供えしたたままの状態で、発見されたのだった――。

「大男は他に誰も見てないし、男が逮捕されたから詳しいことはわからないですけど、ビビって逃げたので、我が家は助かったみたいです――守ってくれたんでしょうね」

焼失した御堂は集落の人たちの尽力により再建され、厚い信仰は続いている。

そして――内田家のお供えは、今も毎朝続けられているという。

禍福は糾《あざな》える縄の如し（仙北市・大仙市）

秋田市で飲食店を経営している青田さんから聞いた話。

彼がコロナ禍の前に、彼女と旅行に行った時の話だという。

「どうしても店やってるんで、県外への旅行はなかなか難しくて」

そんな彼が選んだ先は、田沢湖から車で二十分ほど走ったところにある、秘湯ファンに人気の温泉郷である。

青田さんたちは、その中で秘湯中の秘湯と称される宿に泊まることにした。

田沢湖をドライブし、ランチを食べ午後のチェックイン時間に宿に着く。

早速、日当ての秘湯に浸かり、日頃の疲れを癒やす。

夏休みということもあって、家族連れの姿も目にするが、子どもたちまで露天風呂から見える大自然と、秘湯が醸し出す神秘的な雰囲気に大人しくしている。

露天風呂を楽しんだ青田さんと彼女は、夕食の時間までの間、しばし客室で寛ぐことにした。

客室は、非日常の時間を過ごせるようテレビがなく、夜には電球とランプが灯りという趣のある設えとなっている。

若い彼らには、それが逆に静かすぎて変な想像を膨らませる。

「なんか怖いねえ」

「夜、出たりして！」

「もう！　やめてよ」

「ねえ！　雰囲気あるからさあ、スマホで怖い動画でも見ようか？」

山中だがスマホの電波は使える。早速、二人はネットで怖い動画を見始めた。

怪談動画から心霊スポット動画と、普段は見ることのないコンテンツに息を呑む。

「こういうの見てるとさあ、周わりに霊とか寄ってくるって言うよね」

「じゃあ写真、撮ってみようか？　変なの写るかもよ」

身体を寄せて、仲睦まじくスマホで自撮り画像を撮る。

「何が写ってるでしょうか！」

数枚写した画像をスマホのアルバムから一枚ずつ確認していく。

すると最後に撮影した画像を見て彼女が声を上げる。

「ねえ！　そこ何か写ってるよ」

「え！　どこ？　どこ？」

「ほら！　ココ見て！」

彼女が画面を指さす先に写っていたのは、天井にある梁の部分に浮いている、灰色の煙のような物体だ。

「なんだコレ？」

青田さんが画面を一本の指で拡大すると――。

「これ顔じゃない？」

「あっ！　顔だ……」

灰色の煙と思っていたのは、彼らを見下ろす男の顔だった。

「うわ！　やべー」

青田さんは気味が悪くなり、拡大するのを止めて元の画像の大きさに戻した。

「ねえ！　顔！　顔見て！」

彼女が再びスマホの画面を指さし驚き入る。

「え？　何だよ……」

画像には先程と同じく顔を寄せ合い、笑顔で二人が写っているのだが――。

なぜか、青田さんの額から赤い鮮血が流れていた。

＊

「いやあ、温泉はすごく良かったんですが、そんなことあれば彼女と気まずいでしょう。それで今度は縁起のいいところに泊まることにしたんです」

青田さんは数ヶ月後、再び彼女との県内旅行を計画した。

次の宿は秋田県内で、座敷ワラシがいると言われている大仙市のK。

座敷ワラシの部屋は人気で、なかなか予約が取れないと店のお客さんから聞いていたが、幸運にも取ることができた。

（幸先いいぞ！　座敷ワラシに会えるかも）


こうして胸を躍らせKを訪れた二人。

案内された別館は古民家で、宿泊部屋の和室には床の間に所狭しと、今までの泊まり客が置いていった玩具がある。

「はあい！　○○ちゃん！　△△くん！　今日はこちらのお客さんが遊びに来てくれたよ」

案内してくれたオジさんが、鴨居から下がる紅白の鈴緒を勢いよく鳴らし、ここにいると言われる座敷ワラシの名前を呼ぶ。

恒例の案内かもしれないが、突然のオジさんの行動に二人は驚き入る。

その後、座敷ワラシについての説明を聞き、宿泊となった。

温泉に浸かり、夕食を済ませてから部屋で、座敷ワラシの登場を待つ。

しかし一向に座敷ワラシは、現れる気配がない。

「玩具持ってこなかったからかなあ」

結局、何事も起きず二人は床に就くことにした。

忙しい毎日を過ごしていた二人は、夜中に目を覚ますこともなく熟睡する。

どれくらい眠っていただろうか、青田さんは何かの気配を感じて目を覚ました。
（なにか部屋の中にいる？　気のせいかな）
なぜか隣で寝ていた彼女も目を覚ます。
「んー今、何時？」
枕元のスマホを見ると、午前四時と表示している。
次の瞬間だった——。
けたたたましく響く鈴の音に、二人は布団から飛び起きる。
何が起きたか理解できずに部屋の中を見回す。
すると昼にオジさんが鳴らした紅白の鈴緒が、激しく左右に揺れて鈴を鳴らしていた。
（ええ！　こんな登場の仕方しなくても——）
二人は腰を抜かし、鈴が鳴り止むまで抱き合っていた——。
「その後いいことですか？　コロナでも店が持ちこたえてくれたことですかねえ」
そう答える青田さんの店は、私がいる間も客足が途絶えることはなかった。

きっと座敷ワラシの御利益があったに違いない。

秋田のザシキワラシたち

佐々木喜善《きぜん》は『秋田の三吉さん』において、次のように記している。

「即ち三吉さんの縄張り区域には不思議にも、このザシキワラシが居ないと云う発見であります」

三吉さんとは太平山の三吉霊神（56頁コラム参照）のことで、確かに喜善が指摘する通り、北東北においては秋田県だけザシキワラシの話は極端に少ない。

しかし、皆無というわけでもなく、少数ながらもバラエティ豊かなワラシたちが秋田県内には伝わっている。

まず、上小阿仁村にはカブキリ、カブキリコ、カブキリ人形がいる。

これらは真っ黒に汚れた子供、または童形の人形の姿をしており、金持ちの蔵や竈《かまど》に住んでいる。出て行くと竈が傾く（家が没落する）という。

類型の伝承として、倉の中にあった人形が夜毎騒ぐので迷惑に思って切り殺した、または煮殺したら、持ち主の家が没落したという話もある。

座敷童の起源の一つに大工人形が挙げられることを考慮すると、大変興味深い。

由利本荘市では名前はストレートに『座敷童子』で、金持ちの奥座敷や蔵に住んでいる。普段は姿を見せず、現れるのは家が没落する前兆とされる。

民話の中では十二、三歳、または七、八歳の子供たちで、手伝いをすると見せかけてイタズラしたり、深夜に枕投げをして家人の睡眠を妨害したりと他愛の無い性格をしている。また、飼い牛が汚いと家人に洗うように警告する。この警告を無視すると家が没落するという。

鹿角市では、座敷ボッコ、座敷オボコと呼ぶ。一つの集落には必ずと言って良いほど座敷ボッコが出るという家が一、二軒はあったとされる。秋から冬に掛けて、夜になると囲炉裏端や板の間を二、三人で走り回るとされ、翌朝見ると足跡が残っているという。

また座敷ボッコが出る家の前を通る際は、親指を中に入れて硬く拳を握り、早足で通らなければならない。この所作をしないと乗り移られてしまうという。

珍しいことに郊外や廓《くるわ》通りに出現する事例もあり、赤い上着に黒いズボンの出立ちで、赤い顔をした背の低い男童《おのわらべ》の姿をしている。

しかし、その顔は妙に老人臭いというから不気味だ。

不審人物（美郷町）

「オレの村で起きた話なんですけど」

寿司店を経営する髙木さんから話を伺う。

稲刈りも終えたころ、髙木さんが住む仙南《せんなん》村（現・美郷町）のとある集落では、地域行事の打ち上げが開かれていた。

会場の集会所には、かなりの人数が集まり、賑やかに酒を飲み交わす。

髙木さんも先輩達の輪の中に入り、次々と注がれる酒を呑み下していく。

酔いがかなり回ってきたころ、背中合わせで呑んでいた年配の男性が、ある話題を切り出した。

「オラよ、こないだココの近くさある空き家あるべ、あそこさ朝方によ見た事ねえ若い男が入ってくの見たんだ」

「この先さある空き家だべ？　オラも見たぞ！　知らねえ奴が入ってくの」

髙木さんの向かいに座っていた先輩も、真っ赤な顔で言い表す。

「んだんだオラも見たっす！　着物のオナゴ」

「オラは、爺さまが家から出てくるの見たぞ」

次から次へと、その空き家に出入りする不審人物の目撃証言が、宴席のあちらこちらから上がる。

「あそこは完全に空き家で、横手さ住む親戚が管理してるんだけどな」

「そった空き家に、知らねえ奴らが出入りしてるのは危ねえな」

いつしか宴席は、地域の防犯会議の場と化していく。


全員の目撃情報を整理すると――。


性別や年齢はバラバラで、若者もいれば年寄りもいる。

全員、この辺りでは見たことのない顔。

目撃した時間も多様で、早朝もあれば昼や夕方でも目撃されている。

共通しているのが全員、着物姿だということ――。

目撃者はみんな、田畑の仕事や車の運転中で、誰もその不審人物達と言葉を交わしていない。

奴らは何者なのだ――着物教室の生徒か、はたまた新興宗教かと酔いどれの名探偵達は、ああでもないこうでもないと推理をする。

しかし一向に結論が出ることはなかった。

「ここでみんなが悩むより、管理してる親戚の人さ、教えればいぐねすか？」

下戸の若者が冷静に発したこの一言で、推理の時間は呆気なく幕を閉じた。

こうして不審人物の件は、空き家を管理している親戚の男性に伝えられることになった。


翌日のことだった。

親戚の男性は連絡を受けるとすぐに、仙南村の空き家へとやって来た。

外の様子を確認するが、どこも変わった様子はない。

引き戸の玄関も、しっかりと施錠されている。

男性が家に入ろうと、玄関の引き戸を開いた瞬間——動物の匂いが鼻を突く。

（なんだ、この臭いは……）

すると玄関脇の居間から、数匹の獣が勢いよく飛び出してきた。

大きさからして犬かと思ったが、逆三角形の顔に大きな尻尾という特徴ある姿に、ある獣の名前が頭に浮かぶ。

（キツネだ！）

キツネは、腰を抜かさんばかりに驚く男性の側を通り過ぎると、一目散に逃げ去っていった。

男性は突然のキツネの出現に、首を傾げながら家に入る。

裏の勝手口から侵入したのではと思い、勝手口がある台所から確認していく。

どこも施錠されており、変わった様子はない。

しかし、キツネが飛び出してきた居間を覗くと——部屋の中央に見覚えのないものを目にする。

（なんだコレ？）

きれいに畳まれた着物が数枚――。

（もしかして、コレって……）

連絡をくれた村の人の言葉が頭に浮かぶ――着物姿の不審人物。

ひとしく――男性の足は小刻みに震え出した。

その後、空き家に集められた村の人たちに着物を見せると、口々に不審人物が着ていた着物と同じだと語ったという。

「キツネが人さ化けだと、集落ではちょっとした騒ぎになったんですけどね」

カウンター越しに髙木さんが、手を休めて語ってくれた。

現在でも件の空き家近くでは、キツネの目撃談は多いという。

今から三十年ほど前、平成のはじめに起きたキツネにまつわる奇談である。

自販機前の女　（大仙市）

手塚さんが入居していたアパートの目の前には、自販機が一台設置されている。深夜に喉が渇いた際にはよく利用していたのだが、ある時から自販機前で若い女性を頻繁に見かけるようになり、利用を控えるようになった。

その女性は、手塚さんが自販機に飲み物を買いに行こうとする深夜帯に出没する。自販機の脇で、何をするでもなくボーっと突っ立っているのである。

往来のない住宅街の一角、しかも毎回赤いワンピースという同じ服装で現れるため、おかしな人が深夜徘徊しているのではないかと手塚さんは不安に思ったが、奇声を上げるなどの迷惑行為を行っているわけではないので、通報するほどのことでもない。女性が深夜に一人で大丈夫なのかと心配にもなるが、わざわざ声を掛ける勇気もなかった。

女性は、ただ自販機に接するように立っているだけなのである。それ故に、不気味さが際立つ。

彼女がいるときに自販機で飲料を購入するとなると、挨拶や会釈の一つくらいしないといけない距離感で、無視したくとも赤いワンピースが視界の端に入りそうだった。彼女と目を合わせたくないので、どんな顔や表情をしているのかも不明である。背が高くて細身なので若々しい印象はあるが、年齢も不詳だ。

幸い、普段の生活で朝晩にアパートから出入りする際に女性を見かけることはないため、深夜に自宅から出なければ、彼女を目にすることはない。

しかしながら、飲み会で遅くなった晩に帰宅した際に、あいにく彼女に遭遇した。

毎晩ここに来ているんだな、と手塚さんは半ば呆れて感心したが、アパートの自室に戻るには、自販機前を通過する必要がある。彼女の視界になるべく入らず、かつ彼女の関心を引かないよう、平静を装って小走りで歩を進めると、カッ、とかすかに音がする。

手塚さんが横目で自販機を見ると、俯いた女が親指をしゃぶるように口に入れている。

おそらく歯で思い切り爪先を噛んでいるのだろう。歯が爪に当たるカチッ、カッ、という微細な音が、寝静まった住宅地の静けさの中では拾えてしまう。

（うわ、気持ち悪……）

一瞬で酔いが醒めた。

小走りでアパートに駆け込みつつ、手塚さんは深夜に帰宅したことを後悔した。


翌日は休日で、手塚さんは自宅にいた。昼食のカップラーメンを啜っているときに呼び鈴が鳴る。

荷物が届いたのかと思いすぐにドアを開けたが、誰もいない。アパートの通路や目の前の道路には、人影も車も見当たらず、悪戯か呼び鈴の故障だろうと思うことにした。


その日から、手塚さんの部屋の居心地が悪くなったのだという。

部屋にいると、しょっちゅうものが動くようになった。

コップが台所からテーブルの上に移動している、リモコンが置いたはずの場所と違うところに置かれている、というのは日常茶飯事で、テーブルの椅子が音も立てずに自分の背後や部屋の隅に移動するのは、さすがに気のせいにすることはできなかった。

移動する瞬間を目にしたわけではないが、瞬間移動のごとく椅子の配置が変わるのは気味が悪い。

わずかな異変はものの移動だけではない。

以前から同じアパートの住人の話し声や生活音は薄い壁を通して漏れ聞こえていたのだが、それに加えて爪でカリカリと壁を引っ掻く音を耳にするようになった。

音がするのは隣室からではなく、手塚さんがリビングにいるときに寝室を隔てる壁から聞こえるのである。おまけに、深夜には時計の秒針くらいの音量で、カチッ、カチチッ、と聞き覚えのある異音が響く。きっと、アパート前の自販機で女が爪を噛んでいるのだろう。

道路側に面した寝室で寝ている手塚さんには、女に監視されているような気分になる。

手塚さん宅を訪れて椅子の移動を目撃した友人には、曰く付きの部屋なんじゃないかと心配された。

「ある日突然そうなったから、違うんじゃないのか」

手塚さんはそう返答して友人を宥めた。

住んでいる途中から部屋がおかしくなる、という場合は何をすれば良いのだろうか。お祓いだのお守りだの、そういうのもよく分からないからという理由で、手塚さんは対処をせずに、そのまま物件の更新まで住み続けたそうだ。

それでもやはり、住み続けていた間は段々気持ちが下向きになって、このまま住み続けるのは嫌になったという。

というのも、深夜にカチカチという音を聞きながら布団にくるまっているときに、ふと気が付いた。

……この音、部屋の中で鳴ってるよなぁ。

それ以来、寝室を物置にして、毎晩電気をつけたままソファーで寝ていたそうだ。

もしも夜中に目覚めた際に赤い服が視界に入ったらと想像すると、ベッドで眠ることはできなくなった。

手塚さんが引っ越した後は、同様の現象は新居で起きていない。

やはり前の部屋が悪かったのだろうと、手塚さんは感じている。

「赤い女が僕についてこなかったから、幸いでしたよ。気に入られていたら、一緒に引っ越して新生活を送っていたのかもしれないですし」

手塚さんはもはや他人事のように安心して新居で暮らしているが、先日、久しぶりに前のアパートの前を通ると、アパート前の自販機は撤去されていた。

あの部屋には入居者が入ったのだろうかとアパートの二階を見上げると、道路に面した小窓には、真っ赤なカーテンが引かれていた。

至誠の人　（横手市）

横手市から湯沢市を結ぶ雄平《ゆうへい》フルーツライン。

りんご畑が広がる、この広域農道での体験談を耳にした。


イズミさんの体験。

小学六年の秋のバス遠足での出来事だという。

増田方面から横手市内に向かう帰りのバスの中では、小学校最後の遠足を楽しもうと銘々が写真を撮ったり、お菓子を食べたりと、賑やかな時間を過ごしていた。

イズミさんも座席近くの友人たちと、おしゃべりで盛り上がる。

そんな中、バスは登り坂を進みトンネルへと入った。

進行方向の窓際に座っていたイズミさんは、オレンジ色の照明が車内を照らし始めると同時に窓の外へ視線を移した。

歩道に人影が見える――。

「お巡りさんだ」

イズミさんが呟くと、隣の席の愛ちゃんも『お巡りさん』の存在に気づいた。

「なんだろうね？　何かあったのかな？」

バスがすれ違う時にも二人は、その『お巡りさん』から目を離さなかった。

（あれ？　なんで冬の服装なんだろう）

秋とはいえ、まだ日中は暖かい。

バスがトンネルを抜けたとき、愛ちゃんがあることに気づく。

「ねえ。パトカーとか止まってないよ」

周囲を見てみるがパトカーも他の警察官の姿もない。

「そういえば、トンネルの入り口にもパトカーいなかったよね」

愛ちゃんが真顔でイズミさんに訴える。

「そういえば……」

二人は言葉を交わさずも、今見た『お巡りさん』が何かおかしいと感じていた。

「ねえ！　誰かトンネルでお巡りさんを見なかった？」

愛ちゃんがシートから立ち上がり、クラスのみんなに問いかける。

「オレ見たよ！」

「私も見た。ボーッと立ってたね」

イズミさんたちと同じ列に座っていた数人が、自分も見たと反応する。

他の児童もトンネル付近で、パトカーや他の警察官を見なかったと口々に話す。

すると、いつも静かな男子児童が小さな声で呟く。

「あのトンネルで何年か前に警察官が死んでるよ」

彼の一言で、バスの中は大騒ぎになった――。

*

ヨシエさんの体験。

十年ほど前の二月の末だった。

横手市内の自宅から、友人が住んでいる増田へと車で向かう。

天気も良いので、フルーツラインを走ることにした。

六十を過ぎてから車の運転には慎重になっていたので、この日も雪の壁に囲まれた道をスピード控えめに走行していた。

すると白い山肌が、まるで黒い口を開けたようなトンネルが見えてきた。

明るい雪道から暗いトンネルへ入ると、目が驚き一瞬だが視界が奪われる。

トンネルに入り目が慣れた時だった――。

オレンジの照明に照らされ、歩道に立つ警官の姿が見えた。

（あっ！　お巡りさんだ）

何か事故でもあったのかと思いトンネル内部を見渡すが、何も起きていない。

再び警官に目をやると、相変わらず微動だにせず立っている。

ただ視線だけが車を見ている様で、ヨシエさんは妙な違和感を覚えた。

トンネルを抜けて、数分で増田の友人の家に着く。

それからは家のことから孫の話と、尽きない話で盛り上がる。

そこでヨシエさんは、ふとトンネルでの警官の件を話題に出した。

「事故も何も無いのにね、お巡りさんが一人だけ立ってたんだあ」

「あのトンネルで何年か前に警察官が職務中に亡くなってんだ。ちょうど今ごろだったな。だからオメ、その幽霊でも見たんでねが？」

友人が揶揄《からか》うように言う。

ヨシエさんは笑って応えたが、警官の姿を思い出すと幽霊という言葉に内心うなずくしかなかった。

時間はあっという間に午後三時近くになり、友人の家をあとにする。

外は午前中の天気と打って変わって、曇天の空が雪を降らしている。

先程のトンネルの話もあって、ヨシエさんは違う道で帰ることにした。

友人の家を出て増田の中心部に向かっていると、天候は更に悪化し吹雪になる。

道路脇には防風柵が設置されているが舞い上がる雪で視界が悪い。

（何も見えない……）

ハンドルを強く握り、前方に神経を集中させているとフロントガラスに人影が映った。

トンネルの警官――。

警官は険しい顔で口を動かし、何かを訴えている。

ヨシエさんは驚きのあまり声も出ない。

「その時、ごしゃかいだ（叱られた）と思ったんです」

動揺を隠せないヨシエさんは、ハザードランプを点けてスピードを落とした。

次の瞬間、進行方向右手からライトの光線が舞い上がり、雪を照らしたかと思うと、目の前をトラックが雪煙を上げて走り去った。

そこは、信号のない交差点の直ぐ手前だったという。

「見守ってたんですかね。子ども心に勤勉で真面目な人だなあと思いました」

イズミさんが取材で語った『お巡りさん』の印象だ。

ヨシエさんは、事故から守ってくれたと『お巡りさん』に感謝しているという。

件のトンネルでは二〇〇〇年代前半の冬に、事故処理にあたっていた警察官が殉職している。

仙北の河童

秋田藩には河童《かっぱ》の公的目撃記録が存在する。

それによると、文政六年旧六月三日十四時頃、仙北市角館の斎藤作兵衛屋敷付近を散歩していた九歳の子供が、河童に袖を引き留められて組み打ちした。

この河童は身長九十センチほどで全身が赤く、髪は黒くて後ろ髪が長く前髪は短い、三本指には鋭い爪が生えていたという。

仙北市長を務めたこともある門脇光浩さんは、河童らしき物を目撃したことがある。

今から二十年ほど前、門脇さんは当時小学生だったお子さん二人を連れ、田沢湖神代《じんだい》にある大沼《おおぬま》へ、バス釣りに出かけた。

しかし、この日は当たりが悪くて一匹も釣れず、夕方になってもボウズのままだった。

『今日は調子が悪かったな……』

夕闇が迫る中、帰り支度をしていると、ボチャン……と水が跳ねる音がした。

何気なく門脇さんが音がした葦原に目をやると、小さい人影がボンヤリと佇んでいるのが目に入った。

沼中に立つ人影は、黄昏の薄明かりに照らされて朧《おぼろ》げであったが、どうやら門脇さんたちを窺っている様子。

そのまま双方とも数秒間見合ったが、やがて、人影はスッ……と水中に溶ける様に消えてしまった。

門脇さんたちは人影が消えた後もしばらく呆然としていたが、やがて全員無言で後片付けを再開し、車に乗り込んだ。

やがて車が走り出し、大沼が車窓から見えなくなった辺りで、子供たちが先程見た物について口に出したが、やはり門脇さんと同じモノが見えていたという。

門脇さんは『アレは河童だ』と確信しているが、子供たちは『河童か、宇宙人、どっちだろう……』と思っている。

幽体侵入（美郷町）

勇さんが中学三年のときのこと。

四人兄弟の勇さんは当時、高校生の兄貴と小学生の弟二人、同じ部屋で寝起きしていた。

ある日の夜中、兄貴と居間でファミコンに興じていたときだった。

「兄ちゃんたち遊びに行こうよ」

二人の背後に子ども部屋で寝ていた六つ年下の三男坊、俊和が立っていた。

「何言ってんだ？　もう夜中だから寝ろ」

兄貴がそう言っても俊和はボーッと突っ立ちベッドに戻らない。

「カブト虫、捕まえに行こうよ」

「なにオマエ寝ぼけてんだ？」

「行こうよ！」

「寝ろって言ってるべ！」

そんな押し問答がしばらく続き、勇さんは俊和の様子がおかしいことに気づいた。

俊和は立ったまま寝ている。

「おい！　俊和！　俊和！　大丈夫か？」

勇さんが俊和の両肩を掴んで、揺すりながら話しかける。

「おい！　目覚ませ！　俊和！　目ば覚ませ！」

兄貴が俊和の頬を叩いた。

「え？　ボク何してるの？」

叩かれた頬に手をあてがいながら泣きそうな声で答える俊和。

「オマエ寝ぼけてたんだよ」

俊和は何があったのか全然、気づいていない様子だ。

「まあ、いいから布団入って寝ろよ」

腑に落ちない様子で俊和は、子ども部屋に戻った。

翌朝、朝食の席で勇さんは、俊和に昨夜のことを聞いてみた。

「全然、覚えていないよ」

まるで他人事のように納豆ご飯を頬張る姿に、両親は寝ぼけただけだろうと笑っていた。

しかし次の日の夜も俊和は深夜、目をつむったまま家の中を歩いているところを母親が見つけ、大変だったという騒ぎが起きた。

やはり翌朝、俊和に聞いても何も覚えていないと話す。

それからも俊和の深夜の奇行は続く。

ある朝には、浴槽の中で寝ていたことまであった。

（このままだば、皆が寝てる間に外へ出たりして事故にでも遭ったら……）

両親と兄弟達の心配がピークに達し、病院で診てもらう事も話し合われたが、昼間は今までと変わらず元気に過ごす無邪気な俊和の様子に両親は躊躇していた。

そんな矢先、勇さん達の叔母が家にやって来た。

叔母は俊和の奇行の件を聞いて、母親にこんなことを言った。

「あの子、何かさ憑かれてるかもよ」

信心深い叔母は、地域で評判のカミサマ（東北地方の民間信仰の巫者）に見てもらうことを勧めた。

（それでダメなら病院へ連れていこう）

母親は藁にもすがる思いで、カミサマに予約を入れた。

その日の夜のことだった。

いつものように兄弟四人が子ども部屋で寝ていると、勇さんはカタカタと何かが鳴る音で目を覚ました。

（何だろう？）

月の光が射す薄暗い部屋の中、音の出所を目で探す。

音の出所はすぐにわかった。

それは磨りガラスがはめ込まれた木枠の窓だった。

よく見れば、ねじ式の鍵がカタカタと音を立て動いている。

事態が飲み込めずに黙って窓を見ていると、磨りガラスに黒い影が映った。

次の瞬間、着物姿でオカッパ頭の五、六歳の男の子が部屋の中に現れた。

（誰だ？　何で入って来れたんだ？）

唖然とする勇さんをよそに、男の子は寝ている俊和の布団に近づく。

するとと俊和の足下から、ゆっくりと倒れるように覆い被さろうとした。

この時の様子を、勇さんはこう語る。


――まるで幽体離脱の逆のパターンですよ。幽体侵入ていうのかな？


（こいつか！　こいつが俊和さ取り憑いてらんだな！）

怒りがこみ上げてきた勇さんは、兄として弟を守るべく行動に出た。

「何してんだオメエ！」

男の子に怒気を含んだ声を浴びせながら睨みつけると、飛び起きて照明のスイッチ紐を引っ張った。

すると明かりの点いた部屋には、男の子の姿はどこにもなく、窓ガラスがガタガタと揺れているだけだった――。

それ以来、俊和の奇行は無くなったという。

「あの座敷ワラシみてえな男ワラシの悪戯だったんすべな」

こう語る勇さんから、不謹慎にも人気マンガの主人公ばりに兄弟を守る男気を感じた。

相手は鬼ではなかったが——。

恍惚（仙北市）

久しぶりに天気の良い日だった。

農機具販売店に勤務する向井さんは、営業車で雪深い山道を走っていた。

向かう先は、紅葉で有名な抱返り《だきがえ》渓谷近くの集落。

その集落に、源さんという高齢の顧客がいた。

「除雪機の調子わりぃから来てくれすか」

朝一番に源さんから、そんな電話がかかってきた。

豪雪地帯の山間部で、除雪機が使えないのは生活に支障が生じる。

高齢の源さんが心配な向井さんは、スケジュールを調整して除雪機のメンテナンスにやって来た。

集落の一番端にある源さんの家に着くと、除雪機が置かれている納屋へと向かう。

すると納屋の中から腰が少し曲がった源さんが、トレードマークの赤い帽子を被って現れた。

「源さん、今すぐ除雪機みでやっから」

少し耳の遠い源さんに、大きな声で語りかける向井さん。

しかし源さんは向井さんに気づくことなく、家の方へ向かってすたすたと歩く。

「源さん！　農機具屋の向井だぁ」

先程より大きな声で語り掛けるが、源さんはボーッと前を見据えたまま、足を止めずに歩き続ける。

（そんたに耳遠かったか――ボケてるんだか？）

いつもとは違う源さんの様子に、向井さんは訝しさを覚えながらも車から工具箱を取り出す。

（さぎさ除雪機ごと見るか……）

そう思った向井さんが、納屋へ向かおうとしたときだった――。

家に入るかと思われた源さんが、裏手にある山へと向かう姿が見えた。

「源さん！　源さん！　どさ行ぐんだ？」

口に手を当て、大声で叫ぶ向井さん。

（雪山さ一体何しに行ぐんだ？）

手に持っていた工具箱を置いて、向井さんは源さんの元へ走り出した。

その間も源さんは、雪山へとペースを落とさずに進んで行く。

「源さん！　待って！　山さなんもねだべ」

雪を掻き分け、必死に源さんの後を追う向井さん。

日頃の運動不足が祟って、直ぐに息が上がる。

額からは大粒の汗が流れ出す――。

ようやく山の斜面にたどり着いたときには、息も苦しく立ち止まってしまった。

ハァー　ハァー　ハァー。

額の汗を袖で拭う。息を整え山を見上げると、源さんは結構な高さまで登っていた。

「源さん、待ってけれ」

疲労で重くなった足を、雪山に踏み入れたそのときだった。

向井さんは、ふと冷静になって山の斜面を見上げた。

源さんの足跡が――どこにも無い。

ゆっくり後ろを振り向く――。

そこには向井さんの足跡が、白い雪に残されているだけだった。

再び山を見上げると、源さんは相変わらず黙々と登っている。

雪の上を足跡一つも残さずに――。

(なんだ、アレは……)

源さんが頭の中で、得体の知れないアレに変換された。

急に火照った体から、汗が引いていく。

向井さんは踵を返し、再び雪を掻き分け車へと急いだ。

工具箱を車に載せ、自らも運転席に乗り込もうとしたときだった。

目の前に見慣れた白い軽トラックが現れた。

「向井さん、よぐ来でけだ」

停車した軽トラックから、赤い帽子を被った源さんが笑顔で降りてきた。

「げ、源さん……本物だが?」

「なに言ってんだオメ」

唖然とする向井さんの言葉に、源さんも不思議そうに向井さんの顔を覗きこんだ。

「ほら、そさねまって（そこに座って）」

源さんは、様子がおかしい向井さんを家に招き入れ、薪ストーブに薪を焼べて部屋を暖めた。

「何あったんだ？」

向井さんは、源さんが入れてくれた熱いお茶を飲んで、落ち着きを取り戻すと、先ほど見たアレについて源さんに語り出した――。

「そんだごど、あったのが」

「アレは一体何だったんだべ……」

向井さんが薪ストーブの上に置かれたヤカンを見つめながら呟く。

「オメ、そのまま尾《つ》いでいってれば、いのぢ落としてたぞ」

「え？　いのぢ？」

「んだ、山さはよ――ふどごと騙すわりぃ（人のことを騙す悪い）のいるがらな」

トレードマークの赤い帽子を被りなおした源さんは、それ以上アレについて語ってくれなかった。
令和五年一月の体験だという。

女子会キャンプ（県南某所）

現在も営業中のキャンプ場なので、具体的な地名や名前は伏せさせていただく。

県南にあるキャンプ場での出来事。


――今みたいなアウトドアブームのかなり前の話になります。

夏が終わるころだったという。

看護師の雪乃さんは、数名の職場の同僚とこのキャンプ場へやって来た。

家族でキャンプを趣味とする雪乃さんの提案で、はじめられた同僚たちとのキャンプは既に何回か開かれていた。

このキャンプは仕事のストレス発散もあるが、夜通し話を楽しめる時間でもあった。

今なら女子会キャンプとでも呼ぶのか、当時はファミリーキャンパーこそいたが、女性だけのキャンパーはなかなか見かけることはなかったという。

この日は夏休みも既に終わっていたので、キャンプ場に他のキャンパーの姿は数えるほどしかいなかった。

午後三時過ぎからテントを設営し、みんなで持ち寄った食材を使った料理の準備をしていると、キャンプサイトに七才くらいの女の子が姿を見せた。

「こんにちは、どうしたの？　ひとり？」

一番年が若いヒナちゃんが女の子に話しかける。

「うん、ひとり――ねえ、お姉さんたち一緒に遊ぼうよ」

女の子は、無邪気な笑顔で持ってきたボールを差し出す。

「まだ時間あるからさあ、みんなで遊ぼうか！」

誰かの一言で、女の子と遊ぶことになった。

輪になってボールを投げ合ったり、鬼ごっこしたりと彼女たちは童心に返り、女の子と楽しく遊んだ。

どれくらいの時間を遊んだだろうか、日が暮れ始めたころだったという。

「じゃあ、私そろそろ帰るね。お姉さんたち、ありがとう！」

女の子が彼女たちに、手を振り去っていく。

「じゃあね！　また遊ぼうね！」

みんなが手を振ると、女の子も何度か振り返って手を振り返す。

「ああ、疲れたあ！　でも楽しかったね」

「そうだねえ。でも、ほんと可愛い子だったなあ」

「じゃあ、そろそろご飯にしますか！」

雪乃さんの号令で、自分たちのキャンプサイトに戻ろうとしたときだった。

「あれ？　あの子――どこに行くんだろう？」

女の子をずっと見送っていたヒナちゃんが、怪訝《けげん》そうに呟いた。

「え？　どうしたの」

雪乃さんがヒナちゃんに声を掛けると、彼女は声を詰まらせて指さす。

その方向を見てみると――。

女の子は、今にも池に落ちそうな位置にいた。

「ええ！　危ないよ！」

誰かが走って止めに行こうと動き出した瞬間――。
女の子の姿が忽然と――消えた。

彼女たちは、カラスの鳴き声と共に夕闇に包まれていく池を呆然と見入る。

「あの子――どこか、おかしかったよね」

雪乃さんは頭の中で、女の子が姿を見せたところまで記憶を巻き戻した。

「あの子――着物だったし……」

「オカッパ頭だったよね……」

「ボールじゃなかったよね――」

「うん――。手まりだった」

彼女たちは埋もれていた記憶を掘り起こすかのように、女の子の違和感を順番に語り出していく。

「なんで気づかなかったんだろう?」

着物姿のオカッパ頭の女の子が、手まりを持って現れた――。

これが彼女たちの一致した記憶である。

彼女たちは女の子に頭の中を乗っ取られていた――そんな気がしてならなかった。

その夜、楽しく過ごすはずだった時間が、通夜のように静かだったのは言うまでもない。

――実は女の子とみんなで写真を撮ってたんですよ。翌日すぐに現像に出しましたけど、女の子どこにも写っていなかったんです。

続・三湖物語〜三龍神を見た人々〜

秋田県内にある三つの湖には、それぞれに龍神が住んでいるとされる。

まず八郎潟に住む八郎太郎、彼は元マタギ（杈木《またのき》剥ぎ）で、仲間と分けるべき魚を一人占めして龍になってしまった。住処として十和田湖を作るが、後述の南祖坊《なんそぼう》に追い出されて県内を放浪、最終的に八郎潟を作り出した。

次に田沢湖の辰子《たつこ》姫、彼女は永遠の美しさを観音に祈願し、その代償として龍と化してしまった。後に八郎太郎と知り合って恋人となり、冬の間は田沢湖で同棲している。

最後に十和田湖の南祖坊、彼は名前の通り僧侶で、弥勒《みろく》の世の到来まで生き永らえる為に熊野権現《くまのごんけん》に祈願し、全国各地を放浪。十和田湖に辿り着くと先住者・八郎を追い出し主《ぬし》となった。辰子姫に横恋慕しており、後に八郎と再戦する。

以上の三人に関する民間伝承は数多くあり、主要な伝承をまとめた『三湖《さんこ》物語』は秋田県内では昔から人気が高い。さて、このように県内で広く知られ、文字通り伝説的登場人物である彼らだが、実は少ないながらも目撃例が残されている。

まず八郎太郎だが、武藤鉄城《むとうてつじょう》『秋田郡邑魚譚《ぐんゆうぎょたん》』によれば、江戸時代、角館に住むとある武士が、田沢湖近くを流れる殺生禁忌の沢でよく漁をしていた。ある時、彼が調子に乗って辰子の魚（クニマス？）を取ったところ、山と山を跨いで眠る巨人が目の前に現れたという。八郎太郎は龍神だが巨人の姿でもあるともされるため、彼が禁忌を戒めるために現れたのだろうとされている。

次の辰子姫は少し時代が下る。作家・千葉治平《じへい》のエッセイ『山の湖の物語　田沢湖・八幡平風土記』によれば、昭和の初め頃、発電所建造のため田沢湖近辺で働いていた朝鮮人が夕方に畔《ほとり》を散歩していた。すると、薄原の中を幻の様に美しい女が物思わしげな様子で通り過ぎて行くのが目に入ったので、彼は『アレは辰子姫ではないか？』と気に病み、仲間に相談したが、間もなく彼は工事中の事故で死亡してしまったという。後に、その美しい女は、田沢湖を荒らされた辰子姫が彷徨い歩いていたのだとされた。同書には他にも、辰子姫の親戚筋に当たる女が、その縁故により田沢湖で入水自殺した話などが紹介されている。一昔前の田沢湖住民にとって、辰子姫は美しくも恐ろしい存在だったのかもしれない。

最後に南祖坊だが、実は現代になっても目撃されているのが彼である。トワダ信仰を研究する村中健大氏の論文『現代の十和田湖のトワダ信仰－平成二十二年度における十和田神社のオコモリ・例大祭の調査をもとに－』などには、十和田湖を訪れた信仰者たちが出逢った不思議な体験も記録されており、その中には、なんと写真に龍が写ったという体験談が書かれている。

三湖物語上では何かと損な役回りの南祖坊ではあるが、青竜大権現として今も訪れる人を見守っているのかもしれない。

県北エリア

県北エリア

　秋田犬の里・大館市や十和田八《とわだはち》幡平《まんたい》の鹿角市、マタギで有名な北秋田市からなる山間部の内陸北部、能代市を中心とした白神山地《しらかみさんち》の恩恵を受ける日本海沿岸北部からなる。山間部は雪が多い。

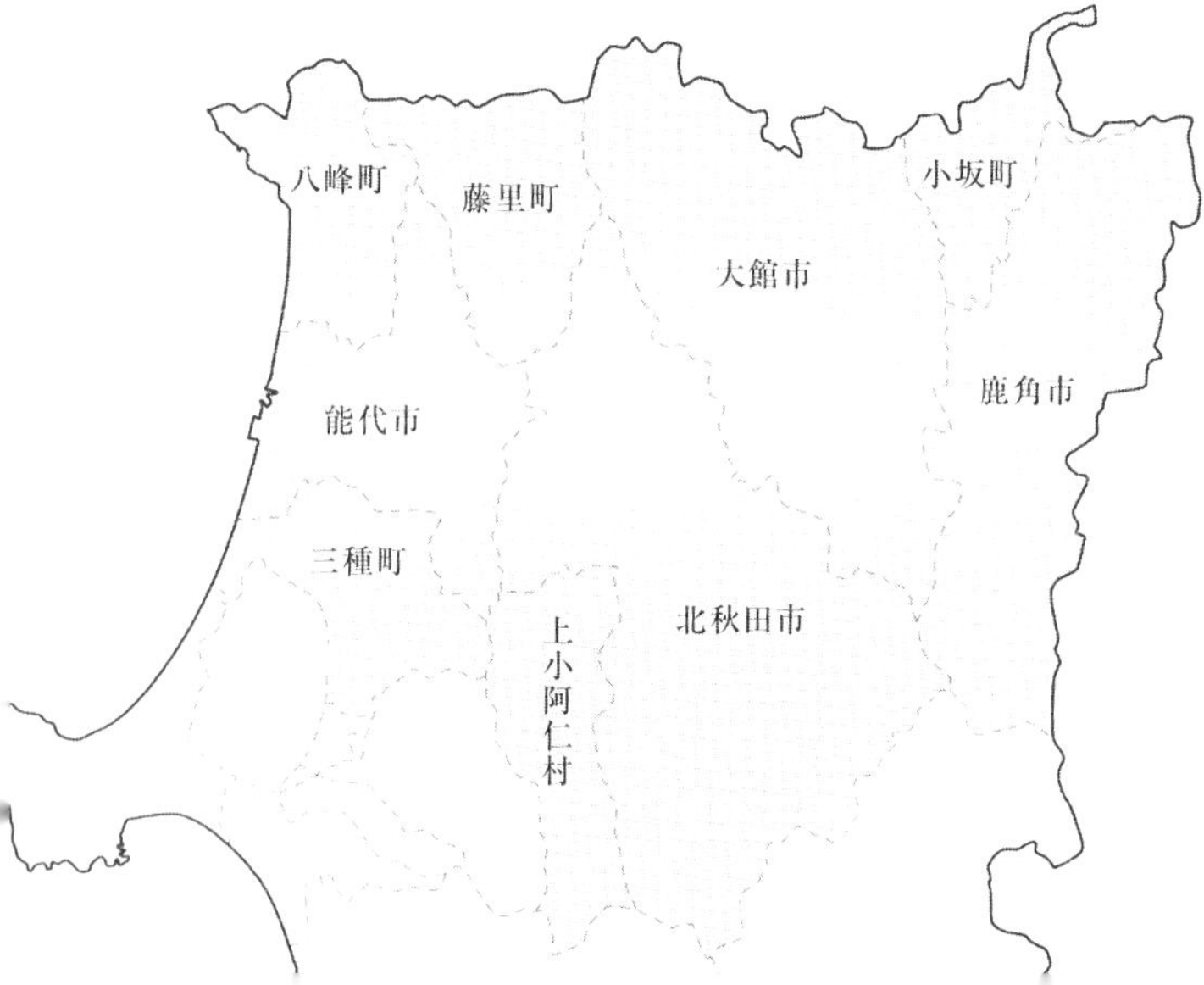

クラップ！（大館市）

田中さんが高校一年生のときの体験。

六月にしては、かなり暑い日だった。

この日は部活が休みとなり、いつもの仲のいいメンバーで帰宅することになった。

「暑い！　なんでこんなに暑いんだよ」

「もうプールにでも入りてえなあ」

額に汗を浮かべながら自転車を漕いでいると、仲間の一人が急に自転車を止め、通学路沿いの川を指さした。

「なあ、川で遊ばねえか？」

全員一致で川へと急ぐ。

河川敷に着くと、すぐさま制服の上着を脱ぎすてズボンの裾をまくり上げ、歓声を上げながら川に入る。
田中さんたちは無邪気に水を掛け合って遊び、しばしの涼を楽しんだ。

その日の夜、田中さんは自室でマンガ本を読んでくつろいでいると、川遊びの疲れからか急に眠くなり早めに床につくことにした。
その寝入り端のことだった。

パン！　パン！　パン！　パン！

手を叩くような小刻みな破裂音が聞こえてきた。
まるで、大勢の人が拍手をしているかのような音だ。
しかし音は大きくなく、かすかに部屋のどこからか聞こえてくる程度――。
（なんだ？　なんの音だ？）
起き上がり電気を点ける。
すると、今まで聞こえていた音がピタリと止んだ。

次の日も、寝入り端に同じ音が聞こえてきた。

やはり電気を点けると音は止む――。

部屋の中を隈なく探すが、どこにも音を発するような物は見当たらない。

隣にある両親の部屋のテレビかと思い覗いてみるが、大勢が拍手するような番組は見ておらず、小さな音でニュース番組を見ているだけだった。

拍手のような音は――それからも毎夜続くことになる。

決まって寝入り端なので、薄気味悪さも手伝い田中さんは、なかなか寝ることが出来ず、次第に不眠気味となっていく。

それと同時に、拍手のような音も次第に大きく聞こえるようになり、金縛りにも遭うようになった。

ある日の夜――田中さんが、うとうとと眠りに落ちる瞬間、今までとは比べものにならない強い金縛りが襲ってきた。

体のどこも動かせないが、目だけが動く――。

(ヤバい……どうしよう……)

すると、いつものあの音が部屋の中で鳴り始める。
数十人が一斉に手を叩くような音――。
（なにか――なにか、いつもと違うぞ……）
いつもと違う恐怖を感じる田中さんの腹部に、何かが乗る圧迫感を感じた。
（な、なんだ？　なにがいるんだ？）
唯一、動かせる眼球を必死に自らの腹部へと動かすと――。
（だ、誰だよ――オマエ）
髪の長い痩せた誰かが、田中さんの腹の上にいた。
その誰かは田中さんの体を横から覆うように、腹合わせで倒れている。
長いボサボサな髪が顔を覆い、表情が全く見えない。
男なのか女なのかもわからない――。
グレーの薄汚れたシャツからは、痩せこけた腕が見える。
まるで寝ている田中さんの体の上に、行き倒れになったかのようだ。
そして大勢の拍手が聞こえる中――田中さんの意識は遠のいていった。

「最近、部屋の中で変な音がして眠れねえ……」

翌朝はじめて母親に不眠気味な出来事について打ち明けた。

すると田中さんの母親は、直ぐさま日頃から頼りにしているカミサマ（東北の民間巫者）の婆さまの元を訪ねた。

カミサマの婆さまは、母親から話を聞くなりこう告げた。

「オメどこの息子よ、川で遊んだのが、いぐね（わるい）な。川でいぐねのが憑いてきたんだ」

なにも状況がつかめない母親は、このお告げの真意を田中さんに確認した。

「おまえ、どこか川で遊んだことあるの？」

「川？　川で遊ぶ？」

暦は九月に入っていた。田中さん自身も六月の学校帰りの川遊びを忘れていた。

「あ！　遊んだ！　七月？　いや六月の暑い日、学校帰りに川で遊んだ」

「どこの川よ？」

「学校の近くだから花岡」

「あそこで遊んだのか――」

「何かあるの？　あの川」
「あそこはな――戦時中に、だくさん人が死んでる場所なんだ――」

母親が話した戦時中の事件とは、昭和二〇年六月、花岡鉱山のK組出張所でおきた中国人の大量殺害事件のことだった。花岡出張所には九八六人の中国人が連行され、苛酷な労働条件のもとで連日死傷者が続出していた。そして抵抗行動を起こしたが失敗、逃亡した者は捕らえられ、事件後三日間で約一〇〇人が亡くなっている。

田中さんが遊んだ川は、その中国人労働者が連日にわたり過酷な労働をしていた場所のすぐ近くだった。

Ｐホテルの怪――昭和、平成そして令和（男鹿市）

男鹿温泉郷の高台にある巨大なコンクリート廃墟、Ｐホテル。

この廃ホテルは一九六九年に開業、人気を博した温泉ホテルであったが経営不振により一九八一年（昭和五十六年）に廃業している。

いつからか霊が出るという噂がたち、秋田最恐の心霊スポットとしてマスコミやネットでも紹介されるようになり、今でも肝試しで訪れる者が後を絶たない。（もちろん本書では訪問を推奨していない）

今回の秋田怪談の取材でも、Ｐホテルの話をよく耳にした。

その中のいくつかを紹介する――。

マサミさん（スナックのママ）の場合

「あれはねえ、まだワタシが若くて美人だった——今でも美人だけどハハハハ」

豪快に笑うマサミさんは、そのころ今でいう宴会コンパニオンのバイトをしていたそうだ。

「男鹿の温泉にもよく行ってたのね。その時の話なんだけどさ」

ある宿泊施設での宴会が終わり、バイト仲間の友人の車に乗せてもらい出発して間もなくのことだった。

「二人ともタバコ切らしてね、自販機を探して男鹿の温泉街をグルグル探し回ってたのよ。そしたらね——」

助手席に乗っていたマサミさんが、自販機はないかと周囲に目を凝らしていると、前方の木々の上に見えるビルの屋上が気になった。

屋上に人がいる——。

「それがね、おかしいのよ！　大きいのよ！　三メーターくらいの女が屋上に立っててさあ。そいつがハッキリと見えたもんだからギャー！　って叫んじゃって」

運転していた友人が何事かと思い、急ブレーキを踏む。

「ワタシも運転してた子も急ブレーキで、前に一瞬だけ倒れたんだけどさ、すぐにもう一回、見たらいなかったのよ――そのデカイ女」

友人に今見たことを話すと、タバコはいらないと男鹿温泉を急いで後にした。

「そのビルってのが、なんかオバケ出るので有名なんでしょう？　Ｐホテル」

ホテルが廃業した数年後、昭和の終わりごろの体験だという。

タイチさん（バーのマスター）の場合

「バイト先の先輩に誘われて、夜のＰホテルに行ったんですよ」

彼が十八歳のころだという。

「Ｐの屋上から見ると、夜景が凄く綺麗なんですよね」

先輩が運転する愛車、黒のクラウンでタイチさん、彼女のチヒロさん三人は九月の深夜、Ｐホテルにやって来た。

何度かＰホテルに肝試しで来ていた三人は、ライト片手に建物へと向かう。

いつもなら、同じ肝試しを目的とした若者グループと遭遇する。

互いに挨拶を交わしたりするので、怖さを感じたことはなかったが、この日は誰も先客がおらず、静まりかえった廃墟が、いつもと違って不気味に感じた。

「いつも入る場所に近づいたときなんですけど」

中がぼんやりと明るいのに気づく。

入り口から、わずかだが光が漏れている。

「やっぱり誰かがいて、明るいライトで中を照らしてるのかと思ったんです」

すると何かの気配を感じたのか、先輩が戻ると言い出した。

「自分もチヒロも、何かおかしいなあと思ったんで素直に車へ戻ることにしました」

その時だった――。

入り口の前に立つ、白い人影が三人の目に入った。

その人影は、ぼんやりと光を放っている。

入り口から漏れていた光は誰かのライトではなく、この白い人影だった。

「ビックリしたんですけど、三人とも声を出しちゃいけないという感じで、妙に落ち着いてました」

踵を返し、建物沿いに車へと向かう三人。

駐車場までの道程が、自棄《やけ》に遠く感じる――。

「そしたら白い影がウチラと同じ速さで、廊下を移動してくるんで慌てましたよ」

彼等と平行に移動する白い人影に、追われていると思い全力で走り出す。

間もなく三人は、無事に車まで戻ることができた。

呼吸を整え振り返ると、Ｐの建物は元の静寂な暗闇に包まれていた。

「あれ以来、Ｐには怖くて行ってないです」

平成の中頃の体験だという。

ユウタくん（会社員）の場合

「動画を撮って、ユーチューブに上げようと思ったんです」

ユウタくんが大学二年のときだという。

友達のシンジと夏休みに、親の車を借りてＰホテルへとやって来た。

「ビビりだから、夜じゃなくて昼に行きました」

ネットでは何度も見ていたPだが、実物を目の前にして動画では伝わらない威圧感を感じながら建物へと入る。

下調べしていたとおりに、まずは上の階を目指す。

シンジがスマホで撮影し、ユウタくんがレポートをしていく。

難なく屋上までたどり着くと、あまりの景色の良さにしばし見とれてしまう。

「景色が、めっちゃ良くて心スポだというのを忘れてました」

再び撮影をはじめ、下の階へと移動していく。

一階まで来ると、外の光は遮断されはじめライトの明かりを頼りに探索を続ける。

「だんだん怖くなってきて、やっぱり心スポだよなと思ったら——出ました」

地下への道を探しているときだった。

ユウタくんのライトが、暗いフロアの壁際に立つ作業服姿の男を照らした——。

後ろにいたシンジも見たのだろう、一緒に悲鳴を上げて逃げ出す。

入ってきた階を目指し、全力で階段を駆け上がる。

一心不乱に入り口を探し回り、ようやく外へ出ることができた。

息を切らしながらユウタさんが、シンジに階下での出来事について語りかけると、意外な答えが返ってきた――。

「アイツ――女を見たって言うんです」

シンジはユウタくんの照らしたライトの光の中に、髪の長い女を見たというのだ。

「え？　って二人でしばらく呆然としましたよ」

真昼の恐怖体験をした二人は、二度とＰホテルを振り返ることなく、自宅のある秋田市へと車を急がせた。

「帰りのコンビニで怖かったけど、撮影した動画を見返してみたんです。そしたら不思議なことにライトで照らした先には何も映ってなかったんです。ただの壁しか映ってなくて……ウチらの悲鳴だけが入ってました」

コロナ禍の令和三年の体験である。

黒夢（県北某所）

秋田の祖母の家での体験です——東京の自宅に住む菜月さんからオンラインで話を伺う。

現在、三十代の彼女は幼いころから毎年、夏になると首都圏の自宅から秋田県北にある母の実家に家族で帰省していた。

大好きなお婆ちゃんに会えるのが楽しみで、父が運転する車で九時間近くの長距離ドライブも苦になることはなかった。

むしろ秋田での数日間は、彼女にとって塾や習い事を休めることから、子どもながらに日常からの解放に浸れる貴重な時間でもあった。

ただひとつだけ、嫌なことがあったという。

「お婆ちゃんの家で見る夢が怖かったんです」

物心ついてから、お婆ちゃんの家に泊まる度に見る同じ夢で悩まされていた。

「その夢は、どこか真っ暗な場所に自分がいるところから始まるんです」

夢は暗闇から始まり、何も見えない中、恐怖と不安が菜月さんを襲う。

やがて、その暗闇の中から赤ん坊の泣き声が聞こえてくる。

その泣き声が、どんどんと大きくなり、目の前に赤ん坊が現れるという。

「説明しにくいんですけど、真っ暗な中に赤ちゃんが浮き出てくるんです」

すると決まって、悲しくなり目が覚めるという。

「泣きながら起きるんで、ホント小さいうちは、お母さんもお婆ちゃんも悪い夢でも見たんだろうって宥《なだ》めてくれたんですけど、だんだんと大きくなってからは、目が覚めても泣かずに我慢してました」

大好きなお婆ちゃんに迷惑を掛けるのではと、子どもなりに気を遣い「怖い夢について話してはいけない」そう思ったそうだ。

そういう気遣いをするようになったのには、こんな理由があった。

「五歳くらいだったと思います。お婆ちゃんと遊んでいたときに、赤ちゃんの夢のこと話したんです。するとニコニコしていたお婆ちゃんが、急に黙り込んでしまったことがあったんです。それでなんとなく嫌な話なんだなあと思って――」

夢は東京の自宅では見ることはなく、決まって秋田のお婆ちゃんの家に泊まった初日か二日目に見た。

それは家族全員で、帰省旅行をしていた高校二年生の夏まで続く。

彼女が大学に進学して間もなく、お婆ちゃんは脳梗塞で倒れ、入院した後に高齢者介護施設に入所する。

何度か母親と施設にいるお婆ちゃんに会いに行ったことがあったが、お婆ちゃんの家には泊まらずに、旅行がてら近くの温泉宿に宿泊していた。

その後、彼女はアパレル関係の会社に就職し忙しい毎日を送り、いつしか夢のことを忘れていたという。

しかし彼女が二十五歳の時、お婆ちゃんが長い闘病生活の末、亡くなった。

その葬儀で数年ぶりに秋田を訪れ、久しぶりにお婆ちゃんの家に泊まった夜に、忘れていた赤ちゃんの夢を再び見た。

「やっぱり、お婆ちゃんの家で寝ると、この夢を見るんだと思いましたね。でも子どものときと違って、何か理由があるんじゃないかと思い始めたんです」

数日後、東京の自宅に戻ってから、母親に赤ちゃんの夢の話をしてみた。

「ええ！　そんな気持ち悪い夢見てたの？　そういえば菜月さあ、小さいとき必ず夜中に泣いて起きてたもんね」

「お母さんは何も知らないの？　何か家系に関係あるとか」

「何も聞いてないわよ。ただね私も高校まで、あの家にいたでしょう。子どものころから夜に家の近くを歩くと、赤ん坊の泣き声を何度か聞いたことがあるのよ」

「お母さんも赤ちゃんの泣き声聞いてたの？」

「暗くなってから近所に届け物を持っていった帰りとか、部活で遅くなったときにね。ほら、あの家の近くに墓地があるでしょう？　それが関係してたのかなあって思ってたの。だから、あんたの夢もお墓が関係あるのかな？」

「お墓かあ。そうそう！　一度だけお婆ちゃんに夢の話したらさあ、急に黙っちゃって何かあったのかなあと思ってたの」

「あ！　私もね、婆ちゃんに小学生のときに話したことあるのよ。赤ん坊の泣き声のこと。そしたらねえ婆ちゃん『昔なあ、この辺りでいぐね（悪い）ことあったからな』って話してたわ」

一体、あの赤ん坊は何なのだろう——菜月さん親子の謎となっていた。

「こんな、お話なんですけど……」

菜月さんは、幼いころから見た夢の話だと語ってくれた。

「お婆ちゃんの『いぐねこと』が気になりますね。何かあったのかな？」

「私も気になってるんです」

「調べて何かわかったら、お知らせしますね」

私は菜月さんに礼を言い、オンラインでの取材を終えた。

そのうち、土地の歴史でも調べてみようと思っていたのだが——。

数ヶ月後、別の怪談に関する調査で、秋田県内の事件資料を調べていたら、その中から気になる事件を見つけた——。

『秋田人肉黒焼き事件』

秋田県警察史下巻に次のように記されている。

昭和三十一年九月、県北のA町で野犬捕獲人のNが逮捕される。

地元警察では秘かにNが、ある物を行商しているとの情報から内偵を続けていた。

ある物とはNが売りさばいている野犬の内蔵の黒焼きが、実は幼児死体の黒焼きだという住民からの情報だった。

ある日、NがA町の駅構内で子どもの手首のような物をこっそりと見せているという情報からNを職務質問、所持品の鞄の中から幼児の両手首が発見され、逮捕に至った。

Nの自供では、墓地数ヶ所から死後間もない乳幼児の死体を掘り起こし、黒焼きにした上で粉末にした。

それを滋養強壮の薬として一包三十五円で売りさばき、一体から七千円ほど稼いでいたという鬼畜行為が明らかになった。

Nは狂信的に人肉の特効を信じる人物であったが、顧客にも同じく妄信する者たちがおり、需要と供給が成り立っていた。中には自分の孫の遺体を提供し、Nに黒焼きにするよう命じ、服用していた祖父もいた。

更に孫の黒焼粉末を何も知らない息子夫婦、つまり子どもの両親にも強壮剤として服用させていた。

最終的にNは死体損壊、墳墓発掘、死体領得と三つの罪で起訴され服役した。

驚いた私はこの事件が菜月さんの夢と関係あるのではと思い、彼女に再び連絡を取った。

事件の概要を伝え、お婆ちゃんが住んでいた家の詳細な住所を教えてもらった。

教えてもらった住所は地名が変わっていたが、やはりNの犯行地域の中にあった。

更にNが供述した数ヶ所の墓地の住所と照らし合わせたところ、お婆ちゃんの家の近くにある墓地と一致した。


「お婆ちゃんの家の近くにある墓地と、墓荒らしが行われた墓地が同じ場所でした」

「じゃあ、私の夢に出てきた赤ちゃん、その犠牲になった子だったんでしょうね」

「そうかもしれないですね……」

「お婆ちゃんが多くを語らなかったのが、分かったような気がします。きっと、あの赤ちゃんも、私に何か伝えたかったのでしょうね。何か怖かった思い出が少し違う感じになってきました。母にも伝えときます」

スピーカーから聞こえる彼女の声が、どこか切なく聞こえた――。

当時の地元紙では「無知と迷信が生んだ悲劇」として報道され、秋田県警は悪しき迷信の撲滅、一掃に乗り出すとも書かれていた。

お婆ちゃんは、このような因習がもたらした地域の凄惨な事件を、娘や孫には伝えたくなかったのかもしれない。

生面《いきめん》（能代市）

能代市にある千年以上の歴史を持つ湯殿山龍泉寺《ゆどのさんりゅうせんじ》。

この古刹には、鎌倉期に作られたという二つの面がある。

二の舞面――舞楽の演目で案摩《あま》の舞に続き、滑稽な所作をする舞が二の舞であり、その舞で用いられるのが、笑みを浮かべた表情の咲面《おきなめん》と腫れただれた表情の腫面《うはめん》である。

秋田県重要文化財でもある寺宝『二の舞面』には、奇妙な伝承がある。

その昔、石名坂《いしなさか》（現在の秋田市上新城）に高倉山龍泉寺があった江戸のころ。

龍泉寺から峠道を越えたところにある羽鳥沼《はとりぬま》で、いつからか夜な夜な行き交う者を脅かす妖怪が現れ、人々は道を通れずに困っていた。

そこに藤原という腕に覚えのある侍が妖怪退治を名乗り出て、羽鳥沼で妖怪を待つことにした。

夜更けの羽鳥沼に現れたのは、綺麗な衣を纏った妙齢の女。

女は漆黒の闇の中を光を放ちながら向かってくる。

――妖怪だな！

隠れていた藤原は、女めがけて太刀を思い切り振り下ろした。

すると女は悲鳴を上げて闇の中へと消え去ってしまった――。

翌朝、再び藤原が羽鳥沼に足を運ぶと、山道に点々と続く血痕を見つける。

その血痕を追っていくと、麓にある龍泉寺にたどり着いた。

寝ていた和尚を起こし、昨夜の件を話すと一緒に寺の中に続く血痕を追う。

血痕は書院まで続いていた。息を整え藤原が襖を開けると、そこにはザックリと刀傷で血まみれになった舞楽面が転がっていた――。

その後、羽鳥沼には妖怪が現れることはなくなった。

舞楽面は後に〈生面〉と呼ばれ、高倉山龍泉寺で大事にされてきた――。

そして明治の廃仏毀釈の嵐の中、高倉山龍泉寺は神社となっていた現在の龍泉寺と併合、湯殿山龍泉寺となる。そこで〈生面〉も寺と共に能代へと移された。

時は変わり、戦後昭和二〇年代の話になる。

高倉山龍泉寺があった石名坂の地に、若いイタコがいた。

このイタコが毎夜どこからか、小さな声で誰かに語りかけられるようになる。

「ワシは龍泉寺にいた生面だ。探しておくれ！　そなたと一緒にいたいのじゃ」

お告げのような言葉に、イタコは行く宛てもないまま、なぜか能代へと汽車で向かった。しかし能代の駅で降り立つも、何処へ行っていいのやら途方に暮れてしまう。

すると、あの声が聞こえてきた。

こっちだという声に連られ能代の街を行く——たどり着いたのは古い一軒家だった。

突然の訪問に困惑する家の者へ、イタコは事情を話す。

「お面はこちらさ、ありますか？」

「そんだ物は見だごどとねえな」

しかし懸命に「ここさあるはずだ」と訴えるイタコに根負けした家の者は、蔵の中を一緒に探すことにした。すると家の者も見たことがない古い面が出てきた。

これには家の者たちも大変驚いた。

そしてイタコは家の者から、その面を譲り受けた。

その後〈生面〉の願い通りに、ともに暮らしたという。


ここまでが伝承「羽鳥沼の生面」として語られている話なのだが――。


――実はこの後にも奇妙な話があるのです。

こう語るのは湯殿山龍泉寺の現住職である木村祥泉《しょうせん》さん。

龍泉寺の本堂にて話を伺う。

祖父にあたる先々代の住職から聞いた話だという。

あえて、その祖父が語った当時の言葉で書かせて頂くが、現代では不適切な表現であるのは承知で、ご了承いただきたい。


昭和三〇年代初頭の話になる。

〈生面〉を譲り受けたイタコには悩み事があった。

自分が産んだ子どもが奇形だった――。

次の子も、そして次の子も……。

親としては不憫に思ったのだろう――イタコは自分に神降ろしを行《おこな》った。

出されたお告げは、生面が災いを起こしているのだという。

イタコは酷く驚いた。生面は譲り受けたはいいが、祀ることをしていなかった。

家にあってはダメだ――と生面をよそへ譲ることを考えた。

そして困ったイタコが生面を持ち込んだ先は、番楽が伝統として残る五城目町《ごじょうめまち》。

(ここなら面を大事にしていけるはずだ)

生面は、教育的価値から町内の小学校で保管されることになった。

その夜のことだった――。

守衛のオジさんが、いつものように校内の見回りをしていると、ある部屋に入った途端、床が激しく波打ち、とても立ってはいられない状況に見舞われた。

「な、なんだ!」

地震かと思い、室内を見回す。

すると――生面が天井を這いずるように、動き回っていた。

腰を抜かしそうになったオジさんは、その部屋を飛び出し震えながら朝を待った。

翌朝、先生方が出勤すると早速、昨晩の恐ろしい体験を矢継ぎ早に伝えた。

「オジさん、酒呑みすぎたんでねが？」

先生方は笑って誰も信じようとしない。

しかし必死に訴えるオジさんに、校長があることを提案した。

「わがった、わがったあ。今晩はオラたちが泊まるからよ」

こうして校長の一声で、その晩は校長と教頭、若い男の先生が学校に泊まる事になった。生面のことは口実で酒を楽しむのが目的でもあった。

このときまで彼らは、お面が動き回るわけがない――そう思っていたのだが。

夜になり三人は、生面を保管している部屋に酒と肴を持ち込んだ。

湯飲み茶碗で酒を一杯ずつ飲み干したころ――。

突然、床がグルグルと波打つように動き出す。

「うわっ！　これか！」

刹那、彼等の頭上高く天井を、まるで意思を持った生き物のように激しく動き回る生面を見た。三人はガサツな悲鳴を上げて、我先にと部屋を飛び出した。

翌日、校長は急いで生面を本来の所有者である龍泉寺へ返したという。

――先々代住職から聞いた話でもあるんですが、数年前お参りに来られた男性からも同じ話を伺ったんです。その方は、地元の小学校の三人の先生のお一人で、当時の若い先生だったんです。なので実際に体験された方からのお話を聞いて、改めて本当の話なんだとビックリしました。

全く奇妙な逸話を持った面だと感心していると。

――それが、この二の舞面です。

寺で案内役をなさっている住職のご主人が、二の舞面を見せてくれた。

奇妙な逸話も手伝い、今にも動くのではないかというような気を感じてしまう。

女に化けていたと言われる不気味な表情の腫面には、右のこめかみ部分から頬にかけて袈裟切りのような刀傷がしっかりと残っている。

その傍らには、咲面が腫面に恐れを感じる者を嘲《あざけ》るように、笑みを浮かべている。

「――二つの面は、こうして並んでいると夫婦じゃないですか。きっと腫面（媼面）は元の龍泉寺のある場所へ実家に帰る気持ちで、イタコさんのところへ行き、時が経って咲面（翁面）が恋しくてウチに戻ってきたのかなあって思うんですよね」
木村住職の話に、怪異の謎が解けていくような気がした。

二つの面がなければ二の舞は舞えない――。
二の舞面として職人に息を吹き込まれたときからの運命なのか。
この先、二つの面が離れることがあっても必ず元に戻ることだろう。
どんな災いを起こしてでも――。
時を超えて怪異を起こした『二の舞面』は龍泉寺で拝観できる。
この本を読んで興味を持たれた方は、是非お参りするのをお勧めしたい。

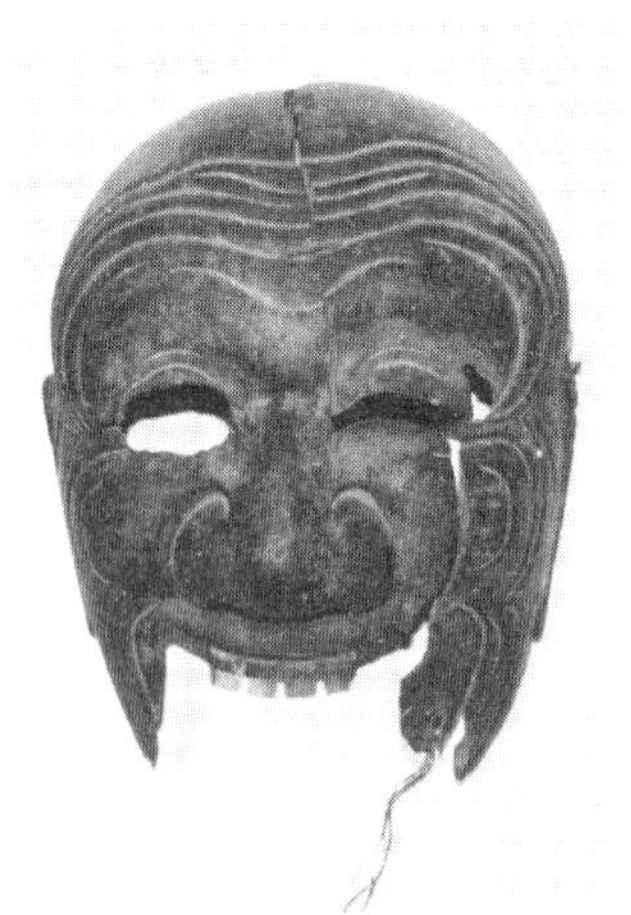

咲面（翁面）

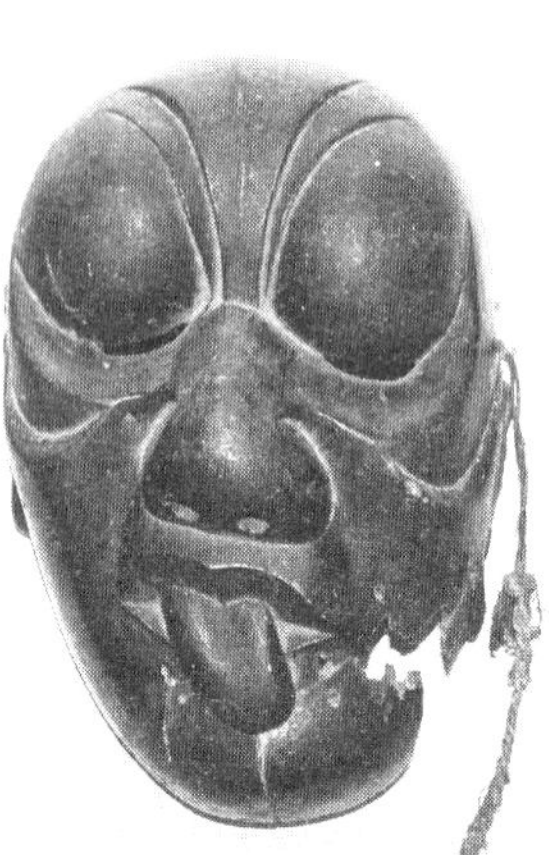

腫面（媼面）

彼と憑物 （八峰町）

三十年ほど前のことだという。

秋田県最北の日本海に面する八峰町では、例年より雪が多い年を迎えていた。
年明けから連日降り続ける雪で、何もかもが白い雪で覆われていた。
そのころ町内に住む順子さんは、六月に産まれた息子のことで悩んでいた。
「夜に寝てくれなかったんです。十時を過ぎると目がギラついて……」
生活リズムが崩れたり、昼寝が長いわけでもなかった——。
そうかといって、体調が悪い様子もない。
赤ん坊の睡眠時間として短すぎる。
毎夜なんとか寝かせつけようと、順子さんは一生懸命あやし続けた。

そんな状況を心配し、姑である婆ちゃんも孫の寝かしつけに手を貸してくれた。

「オメも寝ねば大変だ。オラが、あじゃこ（子守り）するから寝でれ」

順子さんは、婆ちゃんの気遣いで体を休めることにした。

つかの間の休息、横になると直ぐに深い眠りにつく。


順子さんは不思議な夢を見る。

家の中に何かがいる――。

そんな気配を感じた途端、その何かが家の中を走り回る。

見えぬ相手に怖気立つ。

すると、饐《す》えた臭いが鼻を突く――獣の臭いだ。

家の中に四つ足の獣がいる……。


そう思った瞬間、夢が終わった――。

疲れた体を奮い起こし、息子の様子を見にいく。

寝室で婆ちゃんと一緒に、すやすやと眠る息子。

安堵とともに涙がこみ上げる。
まだ暗い午前五時――窓の外では相変わらず雪が降っていた。

それからも息子が眠らない夜は続く。

婆ちゃんの手を借りながら頑張る順子さんも、眠る度にあの夢を見続けていた。

「そしたらホントに家の中さ何かがいるようになって」

最初は気配から始まった。

気のせいだと思うようにしたが――獣臭が漂い廊下を走る音も聞こえ出した。

挙げ句の果てに、障子に獣の姿が映る。

「犬だと思いました。面長な顔で、耳が立ってるし……」

流石に怖くなった順子さんは、旦那さんに獣の件を相談する。

当時の家は、築百年以上の古民家――。

何かの動物が入り込んでいたら、赤ん坊の息子が危ない。

しかし、旦那さんが家を隈なく調べたが、動物が入り込んだ形跡は、どこにも見つからなかった。

「それからも時々、いるんですよ家の中に獣が……」

夢と同じ出来事と息子の事で、順子さんは心身共に疲弊していく――。

これには婆ちゃんも解せない様子だった。

「息子のあじゃこしてた婆ちゃんも、家におかしなことが起きてると思ったみたい」

そこで婆ちゃんはカミサマ（民間信仰の巫者）を頼った。

カミサマに孫のこと、順子さんが家で体験した出来事を伝えると、カミサマが神降ろしを行い、婆ちゃんに神託を告げた。

「家の裏さ、お稲荷さんいるべ。雪ごと片付けでけろ――て言ってるな」

婆ちゃんは驚き入った――。

家の裏には、昔から屋敷神として稲荷様が祀られていたからだ。


婆ちゃんは、すぐに家へと戻ると家族へ稲荷様のことを伝えた。

順子さんの旦那さんが、家の裏で雪を掘り起こす――。

白い雪の中から、小さな石の祠が姿を現した。

いつもの年なら雪に埋もれることがなかった稲荷様の祠に、家族全員で気づかなかったことを詫び、手を合わせた。

その日の晩から息子は、すやすやと眠ってくれた。

そして順子さんも、家の中で獣の姿を二度と見ることはなかったという。

「この子の顔、本当に夜十時過ぎると目つきが変わって別人だったんですよ。あの時はキツネに憑かれてたんだべねえ」

こう語る順子さんの傍らで、青年になった息子さんが照れ笑いをしていた。

数奇なことに息子さんは、後に妖怪の研究に没頭していく——。

特にキツネを、お気に入りの妖怪としてペンネームにも狐の字を入れる。

そんな彼こそ本書『秋田怪談』の共著者で、妖怪伝承研究家の戦狐さんである。

彼の実家にお邪魔した際に母君の順子さんから、この奇談を聞かせて頂いた。

茶園守りの与次郎と神狐アグリコ

秋田県内には虎子姫《とらこひめ》、三吉坊、七色狐《なないろ》、極印狐《こくいん》、迷医狐《めいい》、金毛九尾《きんもうきゅうび》など多彩な妖狐伝説が存在する。その中で、現在においても特に知名度が高く、崇敬されているのが与《よ》次郎《じろう》稲荷神社の与次郎狐、元稲田《げんとうた》神社のアグリコ狐の二匹である。

まず一匹目の与次郎は、秋田市に伝わる飛脚《ひきゃく》狐である。

与次郎は元々、現在の千秋《せんしゅう》公園辺りを棲処にしていたのだが、佐竹氏が秋田に移封された際、住処に久保田城を建てられてしまった。

一族と共に路頭に迷ってしまった与次郎は考えた末、城主・佐竹義宣の夢に現れて、「火急の際は飛脚となり、秋田と江戸を六日で往復するので、住むための土地を頂きたい」と交渉。義宣はこの申し出を喜び、城北の茶園と『茶園守りの与次郎』の名前を与えて雇用した。

人見蕉雨《ひとみしょうう》『井窓夜話《せいそうやわ》』によれば、与次郎を飛脚に出す際は、小姓が裏門に行き「御用がある故、罷《まか》り出ずべし」と大声で叫ぶ。そうすると、小姓が戻る前に、庭に与次郎が出現したという。この際、与次郎は紺の看板に黒脚絆《きゃはん》、大小の刀を身に付けた飛脚の姿で参上したとされる。

与次郎は約束通りに秋田江戸間を六日で往復したので、義宣は彼を重用したが、その煽《あお》りで他の飛脚は仕事が激減してしまった。

六田村（山形県東根市）の飛脚宿を取り仕切る、間右衛門は商売上がったりだったので特に与次郎を恨み、猟師と共謀し与次郎暗殺計画を立てた。

ある時、その日も飛脚の任に着いていた与次郎が六田村を通りがかると、プーンとどこからか良い匂いがする。『なんだろう?』と道の脇に目を向けると、そこには鼠の天《てん》麩羅《ぷら》があった。与次郎は罠だと気付いて一旦素通りした。

しかし『鼠を取り上げて猟師の鼻を明かしてやろう』と魔が差した与次郎は、取って返し鼠に手をかけた。その時、仕掛け矢により目を射抜かれ、駆け付けた猟師によって殴り殺されてしまった。

この際、与次郎は最後の力を振り絞ると、預かっていた文箱を念力で義宣の元に飛ばしたという。

こうして与次郎は不慮の死を遂げたが、実は彼は関八州の野狐を束ねる頭領であったので、配下の狐達は復讐を決意。首謀者・間右衛門と猟師を含む六田村の人たち三百名余りが狐憑きになって発狂し、死者は十七名に及んだ。

このあまりにも大規模な狐憑き事件は幕府をも動かし、代官・杉本伊兵衛が派遣されて事態を治めたという。

その後、与次郎は久保田城内に足軽の守り神として祀られ、現在も千秋公園には社がある。余談だが、与次郎の子孫はその後も茶園に住んでいて、先祖に因《ちな》んで黒脚半を履いたように足が黒いといわれる。

二匹目のアグリコは、羽後町の元稲田神社に祀られている神狐《しんこ》で、周囲一帯の狐たちを束ねる女王でもある。

神社に祀られるようになった由来としては、昔、アグリコは綺麗な娘に化けては元稲田一帯の家々を手伝って回っていた。ところが、ある日を境にアグリコは村に来なくなり、人々が心配していると、肝煎《きもいり》の夢にアグリコが現れ「都へ上り官位を貰って来るので十両貸して欲しい」と頼んできた。

村人たちはアグリコが好きだったので喜んで寄付し、しばらくして帰って来たアグリコは再び肝煎の夢に現れて帰参を告げ、奇跡として田を一晩で杉林に変えて見せたという。

それからというもの、アグリコは村人たちが鼠害《そがい》に困っていると配下の狐たちを率いて鼠を駆除したり、跡継ぎが出来ずに困る婦人の願いを叶えて男児を授けたりと神狐として人々を助けている。

『伊頭園茶話《いずえんさわ》』によれば、ある時にアグリコを油鼠の罠（前述した与次郎狐の死因と同様の物）で捕えようとした者がいた。

しかし、アグリコが姿を現すと猟師達は不思議と尊い気持ちになって平身低頭してしまい、油鼠を取られてしまったという。

さながら狐界の水戸黄門と言ったところか。

ヌシさん（北秋田市）

全国チェーンのコーヒーショップで美佳さんの話を伺う。

小さなテーブルを挟み取材を始めた。

「ちょっと変わった山の話なんですが」

隣の賑やかなご婦人たちの声の中、静かに語りだした美佳さんは、北秋田市の阿仁地区に住んでいる。阿仁はマタギの本家と言われる有名な阿仁マタギの里であり、阿仁鉱山で栄えた地でもある。

阿仁の人々は、古くから山と深く関わり生活してきた。山を崇め、恩恵を授かり、山と共に生きてきた。

――山の変わったお話ですか？

「山のヌシさんと、やり取りしてたんです」

――え？　山のヌシというのは山の神？

「いえ、山の神じゃないです。なんというか説明が難しいんですけど。ヌシさんというのも私が勝手にそう呼んでたので」

――姿は見えるんですか？

「ハッキリと見える感じではないんですが、ゆらゆらって陽炎みたいで」

――陽炎かあ。じゃあ透明なんですね？

「そうですね。それがいつも同じ場所にいるんです」

――同じ場所というのは山の中とか？

「うちの裏を通っている道路から、山に入る道があるんですけど、その入り口あたりに周りの木とか草に溶け込む感じで」

――なるほど、そのヌシとお話しするんですね。

「話というか、正確には頭の中で交信する感じですね。私は伝えたいことを思う。向こうは私の頭に文字を送り込んでくるんです」

――文字？

「言葉というか単語を見せてくる感じですね」

なんとなく解ったような解らないような私は、更に美佳さんへ質問を続ける。

――一種のテレパシーみたいな感じですかね？

「そんな感じだと思います」

――それで交信して、いろいろ話を聞いたんですね。

「そうですね。普通に犬の散歩中に挨拶をしたり、世間話とかも」

――世間話？

「愚痴も聞いてくれましたよ」

コーヒーカップを手に、美佳さんが笑いながら話す。

――じゃあ、その交信で山の神じゃないと解ったんですか？

「ええ、自分で山の神じゃないと言ってました。でも山の縄張りというか、そんなのを持ってるみたいで。それでなんとなく『ヌシさん』と呼ぶようにしたんです」

なんとも不思議な話であるが、何か奇々怪々な話を聞かなければと焦っていると、美佳さんがある話を聞かせてくれた。

ある日、集落の男性が山へ入ったきり帰らないという騒動が起きた。

早速、消防や警察と共に集落の男衆も捜索に加わることになった。

男性が、どの山に入ったのかも見当がつかず、捜索は難航する――。

「ヌシさんに、どの山さいるか聞いでけれ」

美佳さんは父親から、男性の行方を聞き出すことを頼まれた。

ヌシさんの存在は、両親にだけ打ち明けていた。

幼いころから不思議なことに感が鋭い美佳さんを理解していた両親は、山への信仰もあってか、ヌシさんの存在を信じていた。

美香さんは、いつもヌシさんがいる山の入り口で交信を始めた。

（ヌシさん！　山に村の人が入って行方不明なの。その人は山にいるの？）

――イル。

（何処にいるの？）

――サワ。

（沢にいるのね！　どの山の沢？）

――アノヤマニイル。

「ヌシさんの表現というのが凄いアバウトで、人の尺度とは違う感じなんです」

美佳さんは、ヌシさんの回答に翻弄されながらも質問を繰り返し、男性の居場所を絞り込んだ。

（それで、その人は無事なの？）

この質問をした瞬間、いつもはヌシさんの言葉が文字で頭に送られてくるのが、突然男性の映像を見せられた。

男性は山の斜面から沢に転落し、途中の枝に額を強打する。

そのまま沢に転げ落ち、額から血を流して肋骨のあたりを手で押さえ、苦しそうにしている。

（生きてるの？）

次に見せられた映像は、苦悶の表情で息絶えたかのような男性の姿だった。

（ヌシさん、ありがとう）

美香さんは急いで家に戻り、父親に男性のいる場所を伝えた。

「ただね、もう亡くなっていると思う――」

ヌシさんからの情報を得た父親は、あくまでも自分の感として捜索ポイントを皆に提案し、捜索隊と山へ向かった。

男性は沢に転落した状態で発見される。

しかし、美香さんがヌシさんに見せられた映像のとおり、額と胸を強く打ち、酷く苦しんだ表情で亡くなっていたという。


「ヌシさんには他にもいろいろ助けてもらいました。だけど――」

――何かあったんですか？

「霊感が超強い友達がうちに遊びに来たとき、一緒に犬の散歩をしたんですよ」

――もしかして、その友達にもヌシさんが見えたとか？

「そう！　見えたんです。でも彼女『なに？　あの汚いの！　あっち行け！』ってあしらったんです。それ以来――」

人から疎ましく思われたのがショックだったのか……。

それから、いつもの山の入り口で、交信を試みてもヌシさんからの反応はないという。

「全く、とんでもないことをしてくれましたよ」

苦笑いする美佳さんは、今でも山を眺めてはヌシさんへ語りかけている。
再び逢えることを祈って――。

鳥居　（北秋田市）

これも美佳さんから伺った話になる。

「うちの母親も阿仁の出身なんですが、子どものころから狐火の行列を見たりとか、いろいろある人でして」

そんな母親と一緒に体験した話だという。

「買い物に連れていってと頼まれて、車で出掛けたんですよね」

よく晴れた日の午後、助手席に母親を乗せて美佳さんは車を走らせた。

「国道とかトラックも多いんで、裏道というか山の道を走ってたんです」

助手席では、母親がずっと世間話を持ちかけてくる。

ハンドルを握る美佳さんは愛想笑いで、相づちを打ちながら話を聞く。

ある集落に近づいてきたときだった。

山手にある小さな神社の鳥居が目に入った。

（あれ？　鳥居――新しくなった？　場所も変わってるし――いいのかなあ）

久しぶりに見た鳥居は金属で新調され、道を挟んだ場所へと変わっていた。

――古い木の鳥居で、趣があって好きだったんですけどね。

雪深い土地では、古い木製の鳥居は雪の重みで倒壊したりする。

それもあってか、東北の積雪地帯では石やコンクリート、金属で鳥居が建てられていることが多い。

その新しい鳥居の前を通過しようとした瞬間。

車の目前に、あるはずのない木の鳥居が倒れてきた。

「キャー危ない！」

慌てて急ブレーキを踏む美佳さん。

助手席から母親の悲鳴も同時に聞こえる。

車は大きく前に沈み、急停止する。

目前に倒れたはずの木の鳥居は――どこにもない。

「危ながったなぁ」

母親が美佳さんの顔を見ながら語りかける。

「本当だよね、危なかったぁ。びっくりしたぁ、急に鳥居が倒れてきて」

「え？　鳥居？」

目を丸くして、美佳さんに聞き返す母親。

「木の鳥居が倒れてきたじゃない？　母さん何見たの」

「オラ……目の前ごと、大きい光の球が横切ったの見たんだ」

二人はもう一度前を向くと――何も変わらぬ道を黙って見つめた。

しばし車内は沈黙に包まれたという。

――そのあと、山の神様のイタズラ？　って二人で笑ってましたけど。


その神社は、山の神を祀る神社だったという。

ポラロイド写真（北秋田市）

三十年以上前の話になる。

吉村さんが中学二年生のころの出来事だという。

九月中旬の放課後、部活を終えて家に帰ろうとしたとき。

「吉村、ちょっといい？」

時々、話をする程度の同じクラスの成田が、廊下で吉村さんを呼び止める。

「いいけど、どうした？」

「見てもらいたい物があるんだ」

神妙な顔をした成田は、自分たちの教室に吉村さんを伴う。

誰もいない教室で、机を向かい合わせで座ると、成田が通学鞄の中から数枚の写真を取り出して机の上に並べた。

「これ見てくれないか？」

写真は、ポラロイドカメラで撮影された祭りの様子だった。

「大太鼓祭りか？」

「そう。夏に撮ったんだ」

聞けば成田はカメラが趣味で、知人からもらったポラロイドカメラのテストを兼ねて、地元の大太鼓祭りを撮影したのだという。

その大太鼓祭りは、北秋田市にある神社の例大祭《れいたいさい》に、二つの集落が一年交代で、虫追いや雨乞い、五穀豊穣を祈願して大太鼓を奉納する約七五〇年前から続く伝統行事である。

神社まで集落内の道のりを、一番大きな太鼓で三・八メートルの大太鼓が連なり打ち鳴らされる光景は見る者を圧倒する。

（写真を自慢したかったのか？）

それにしては——成田の表情は暗い。

「全部、普通に写ってるだろ？」

「うん、大太鼓の写真だね」

「吉村は怖い話とか、不思議な話が大好きだよね？」

「まあ、好きだけど。どうした？」

「それを見込んで、これを見て欲しいんだ」

最後に成田が机に出した写真は、明らかに異質な物だった。

「うわっ！　何これ！」

写真にはメインとなる一番大きな大太鼓の上に、数名の男衆が叩き手として乗り、力強くバチを振り下ろしている姿が写っている。

しかし、その大太鼓の打面だけが明らかに他の写真と違っていた――。

打面は渦巻くように歪み、そこに経文のような漢字が所狭しと浮き出ている。

まるで、打面が異次元と繋がっているかのようにも見える。

「お経？」

「いや、わからない……」

「だって神社のお祭りだもんな。お経は……」

「なあ、おかしいだろ？　気味悪いよね」

「そ、そうだね」

「吉村……これ、もらってくれよ」

「え！　嫌だよ」

「心霊写真だよ！　なあ頼むよ！」

半ば強引に成田からポラロイド写真を渡された吉村さんは、ジャンパーのポケットに突っ込んだ。


週末を挟んで登校すると、教室に成田の姿はなかった。

それからも成田は学校に来ることはなく、吉村さんは彼のことが心配になった。

家に行こうかとも思ったが、成田の家さえ分からない――。

彼とは、それぐらいの付き合いだった。

「成田君は入院して暫く休みます」

休みはじめて一週間ほど経ったころ、担任の先生がクラス全員に伝えた。

クラスで励ましの寄せ書きも書いて成田の元に届けられたが、本格的な冬が訪れる前、十一月に成田は呼吸器を患って亡くなった。

ポラロイド写真は気味が悪いので、ジャンパーに入れたまま取り出すこともなく、部屋の隅に放置した。

吉村さんは、そのジャンパーさえ着るのも嫌だった。

いつしかジャンパーは家族が片付けてしまい、ポラロイド写真を二度と見ることはなかった——。

君の声　（能代市）

　看護師の優花さんが、能代市内の病院で勤務していた時の話になる。

「五月の少し肌寒い日でした。午後の遅い時間だったと思います」

能代市の近隣の町から、高齢の女性が救急搬送されてきた。

救急車に同乗してきた家族の話では、自宅でテレビを見ていたら突然、女性が倒れたというのだ。

女性は意識昏迷の状態で、呼びかけると反応を示す。

すぐに様々な検査をするが、特に異常な箇所は見つからなかった。

ただ搬送時から女性は、微かな声でうわごとを言っていた。


さ、さむい――。

ちがう――。

そこじゃないよ――。

その後も時折うわごとを言いながら、苦しそうに首を振ったりもする。

医師は高齢者に多い「せん妄」だろうということで、点滴を打ち回復を待った。

「寒いって言うから、体を温めてあげるしか出来なかったんです」

次の日、優花さんが出勤して来ても、女性の容体は変わっていなかった。

さむいよ――。

こっちだよ――。

川、川にいるんだよ――。

うわごとは、昨日に増して発せられるようになっていた。

そんな女性の意識が回復したのは、その日の午後のことだった。

「あの男わらし見づかったが？」

目を覚ました女性は険しい顔で、周りにいた家族と病院スタッフに何度も訊く。

しかし誰も、何のことか分からず首を傾げていた。

だが数時間後、その意味が明らかになる。夕方のテレビニュースで、昨日から行方不明の小学生男児が川の土手で、遺体で発見されたと報じられた。

優花さんたちは、もしやと思い女性にニュースのことを伝えると――。

「そうが見つがったが……」

女性は男の子のニュースを聞いて、残念そうに肩を落とした。

「何があったのか教えて頂けますか？」

優花さんの問いかけに、女性はゆっくりと自身に何が起きたのかを語り出した。

女性の話はこうだった――。


テレビを見ていたら突然、目の前に小学一、二年くらいの男の子が現れた。

それは、全く面識のない子だった。

すると、驚く間もなく男の子が自分の中に、すうっと入ってきたという。

そこから彼女は意識を失った――。

そして意識を取り戻すまでの間、とにかく寒くて早く誰かに見つけてほしい。そんな気持ちで仕方なかった――と語ったという。

その後、女性は無事に退院となり、家へと帰っていった。


見つかった男の子は、その遺体の状況から事件性があるとして警察が捜査する。

「びっくりしました。誰も男の子が行方不明になっていたことは知らなかったし、彼女が意識を戻した時間は、男の子が発見された時間と重なるんです。意識障害の間、ずっと男の子が彼女の中にいたんでしょうね。うわごとが、あの男の子の声だったと思うと今でも切なくて……」


ある事件に関する不思議な出来事として、優花さんが語ってくれた。

風の松原　（能代市）

令和五年の秋、取材で能代市を訪れたときのことだ。

共著者である戦狐さんに、能代エリアの怪奇伝承地を案内してもらった。

道中も様々な秋田の伝承を聞き、彼の豊富な知識に舌を巻く。

彼は本で調べるだけでなく、伝承地の現在を足を使って見て回るスタイルだ。

その際、何度か怖い体験をしたことがあるという。

「能代にもありますよ」

彼の一言で急遽、その場所へ向かうことにした。

風の松原——能代市の海岸線に面した日本最大規模の松林。江戸時代から植栽され砂防林、防風林として能代の町を守ってきた。現在は、その役割とともに市民の憩いの場にもなっている。

戦狐さんは、この風の松原の中にある神社で不思議な体験をしたという。

近くに車を止め、風の松原へと向かう。

この時季、連日のように東北各地では、クマの出没情報や人的被害が報道されていた。特に秋田県では、過去に類を見ない数の被害が出ていた。

向かう先の風の松原でも、熊の目撃情報があったばかりなので、クマよけの鈴を身につけ、ポケットに爆竹を突っ込む。

道路沿いの赤い鳥居をくぐり、風の松原へと足を踏み入れる。

目指す神社までは、五〇〇メートルほどの道程だ。

「この松原も幽霊が出るとか、いろんな噂があるところなんですけどね」

きれいな松林の小道を歩きながら、そんな噂話をいくつか聞かせてもらう。

ようやく木々の中に、鳥居が見えてきた。

神社の本殿は、赤い鳥居が連なる階段を登った小高い丘の上にある。

長身の我々は、身をかがめながら小さな赤い鳥居をくぐって本殿を目指す。

境内には人気がなく、晩秋の木々が寂しさを感じさせる。

「数年前のことです――」

戦狐さんが境内で、体験談を語ってくれた。

夏に一人で参拝したときだという。

そのときも境内には誰もおらず、蝉の声だけが響いていた。

本殿への挨拶をすませ境内を散策すると――狐の置物や石像がたくさん置かれた小屋を見つける。

恐らく個人の家で祀っていた狐だろう、その数は優に二、三百はある。

カメラを取り出して、撮影しているときだったという。

背後から何かが近づく足音がした。

何かと思い振り向くが、足音の主の姿はどこにもない。

気のせいかと思った瞬間――獣の臭いが周囲を漂う。

異様な気配を感じた戦狐さんは、足早にその場を離れた。

「追いかけてきたんですよ。その見えないのが……」

姿なき獣が足音だけを立て、彼のあとを追ってきた。

「もう怖くて走って逃げましたよ。そしたら――」

ハッハッハッハッハッ――耳元で獣の荒い息づかいが聞こえた。

その息づかいは、何基目かの鳥居を過ぎるまで聞こえていたという。


「それは怖いなあ」

「いやあ、ほんと怖かったです。あれは見えないだけで確かに獣でした」

聞いてるだけで周りの林から、その見えない獣が襲ってくる気がしてならない。

「じゃあ、その小屋見ます？」

「その前に、御挨拶しときますか」

本殿の賽銭箱の前に、鈴緒が二本下がっている。

私たちは、左右の鈴緒の前に別れて御挨拶する。

その後、件の小屋を見に向かった。

「この辺で足音がして――」

戦狐さんが詳細に、当時の様子を聞かせてくれる。

その間、私はずっと境内に異様な気配を感じていた。

「そろそろ帰りますか」

二人揃って、本殿の前を通りかかったときだった。

「あれ？　なんで揺れてるんだ？」

本殿入り口の鈴緒が一本だけ左右に大きく揺れている——。

私がいた場所の鈴緒だ——二人とも鈴は鳴らしていない。

境内には風の気配すらない。

太い鈴緒は、多少の風で動く代物ではない。

二人で揺れる鈴緒を呆然と見つめる——。

「行こう……」

すると足早に境内を去る我々を嘲笑うかのように、冷たい雨が降り出した。

松林を抜けて車にたどり着き、ほっとしたのも束の間。

私の左手首から何かが落ちていく——。

いつも御守りとして身につけている二連の数珠ブレスレットの糸が、同、時、に切れた瞬間だった。

『秋田怪談』取材での怪異として記しておく。

参考資料

福島彬人『奇々怪々あきた伝承』（無明舎出版　1999年）
人見蕉雨『人見蕉雨集　第3冊』（秋田魁新報社　1968年）
人見蕉雨『人見蕉雨集　第一冊　黒甜瑣語（上）』（秋田魁新報社　1968年）
人見蕉雨『人見蕉雨集　第一冊　黒甜瑣語（下）』（秋田魁新報社　1968年）
石井忠行著　今村義孝監修『新秋田叢書　第7～11巻』（歴史図書社　1971、72年）
只野真葛著、中山英子校注『むかしばなし　天明前後の江戸の思い出』（平凡社　1984年）
中道等『旅と伝説通巻24号　奥羽巡杖記』（三元社　1929年）
武藤鉄城『秋田郡邑魚譚』（無明舎　1990年）
千葉治平『山の湖の物語　田沢湖・八幡平風土記』（秋田文化出版社　1983年）
村中健大「現代の十和田湖のトワダ信仰－平成二十一年度における十和田神社のオコモリ・例大祭の調査をもとに－」（青森県民俗の会　2018年10月31日刊行「青森県の民俗」第13号　抜き刷り）
新秋田叢書編集委員会『新秋田叢書　第二期　1～8』（1976～78年）
戦狐編著『秋田妖怪蒐異1～3』（サークル胡仙廟　2021～13年）

鶴乃大助

怪談好きが高じて、イタコやカミサマといった地元のシャーマンと交流を持つ。いかつい怪談ロックンローラー。弘前乃怪実行委員会メンバーであり、津軽弁による怪談イベントなどを県内外で精力的に行う。共著に『青森怪談　弘前乃怪』『奥羽怪談』『奥羽怪談　鬼多國ノ怪』など。

卯ちり

秋田県出身。2019年より怪談の蒐集を開始し、執筆と怪談語りの双方で活動。共著に『呪術怪談』『奥羽怪談　鬼多國ノ怪』『実話奇彩　怪談散華』『投稿　瞬殺怪談』、出演に『怪談のシーハナ聞かせてよ。第弐章』『圓山町怪談倶楽部』等。

戦狐

妖怪伝承探索人。秋田県生まれ。妖怪の他には日本狼伝承、アイヌ玉などについても資料蒐集している。サークル『胡仙廟』にてTwitterアカウント『秋田妖怪蒐異（@akitayoukaisyui）』及び『呪符東西録（@zyuhuroku）』を運営。著書に投稿した伝承をまとめた『秋田妖怪蒐異シリーズ』1～3巻。共著に『日本怪異妖怪事典　東北』（笠間書院）がある。秋田県内の妖怪談を絶賛募集中。

★読者アンケートのお願い

本書のご感想をお寄せください。アンケートをお寄せいただきました方から抽選で５名様に図書カードを差し上げます。
（締切：2024年２月29日まで）

応募フォームはこちら

秋田怪談

2024年2月5日　初版第一刷発行

著者……………………………………………………鶴乃大助、卯ちり、戦狐
デザイン・DTP　………………………………………荻窪裕司（design clopper）
編集協力……………………………………………………StudioDARA

発行所……………………………………………………株式会社 竹書房
〒102-0075　東京都千代田区三番町８－１　三番町東急ビル６F
email：info@takeshobo.co.jp
https://www.takeshobo.co.jp
印刷所……………………………………………………中央精版印刷株式会社